D1689834

MALEDIVEN
DAS BESTE VON
MICHAEL FRIEDEL

TEXT MARION FRIEDEL

EDITION MM

DIE MALEDIVEN, heute in aller Munde, waren Anfang der siebziger Jahre eine weltvergessene, unbekannte Korallenrepublik im geographischen Abseits der gängigen Flug- und Seerouten. Laut UNO gehörten sie zu den 25 ärmsten Ländern der Welt. 1972 war das Jahr X in der Entwicklung des maledivischen Tourismus, als eine italienische Tauchergruppe die Welt der Atolle und Korallenriffe als "Unterwasserparadies" entdeckte.

1973 photographierte Michael Friedel für die Illustrierte STERN die Malediven: "INSELN ZUM TRÄUMEN ... Vor einem halben Jahr ist im indischen Ozean ein neues Urlaubsparadies entdeckt worden: Die Inseln der Malediven. Die Korallen-Eilande sind ein Dorado für Taucher und Träumer. Wer Trubel sucht, sollte sie meiden."

Michael Friedel, geboren 1935, photographiert für die großen internationalen Magazine wie STERN, GEO, PARIS MATCH, LIFE. Seine Photos von diesen märchenhaft schönen Inseln gehen um die ganze Welt. Der Weltreisende und Bildbandautor kann sich in fünf Fremdsprachen verständigen und ist nicht nur in aller Herren Länder zu Hause, sondern auch in allen Elementen. Zu Lande, in der Luft, über und unter Wasser. Dies ist sein vierter Bildband über den Archipel der Malediven. In diesem Band sind seine eindrucksvollsten Bilder aus drei Jahrzehnten zusammen gestellt. Der Tourismus ist heute die größte Einnahmequelle des Landes. Zum „dreißigsten Jahrestag des Tourismus" eröffnete der Präsident der Malediven, His Excellency Maumoon Abdul Gayoom, eine große Ausstellung des Photographen in Male.

Abdul Azeez Abdul Hakim, geboren 1948 im Lhaviany Atoll auf Naifaru, ist ein Mann mit großen Visionen. Der ehemalige Direktor für Landwirtschaft, im Ministerium für Fischerei und Landwirtschaft, kümmert sich heute als international anerkannter Experte um den Umweltschutz. " Die See ist Teil unseres Lebens, und wir müssen die Korallenriffe schützen. Ohne schützende Riffe würde die Erosion die Inseln ins Meer waschen. Wenn das Riff zerstört ist, sind wir zerstört. So einfach ist das !" Die große Korallenbleiche, eine weltweite Katastrophe, verursacht durch die globale Erwärmung und El Niño 1998, tötete auf den Malediven 70 % der Korallenpolypen. Im "Banyan Tree Marine Laboratory" auf Vabbinfaru arbeitet und forscht Abdul Azeez Abdul Hakim, unterstützt von internationalen Meeresbiologen, erfolgreich an der künstlichen Aufzucht und Verpflanzung von Korallen. Als Mann vor Ort, der täglich seinen Kopf unter Wasser hat um das Riff und seine Bewohner zu studieren, berichtet Azeez in diesem Bildband.

Die Textautorin Marion Friedel, geboren 1945, ist freie Journalistin. Ihre Reiseberichte erscheinen in MERIAN, GEO, STERN und in den Bildbänden ihres Mannes. Seit 1975 verfolgt sie die Veränderungen auf den Malediven mit einem lachenden und einem weinenden Auge.

Wie überall hat die neuzeitliche Entwicklung auch hier einen zwiespältigen Fortschritt gebracht. In diesem Bildband sind die Schönheit der Inseln, erste Erlebnisse und dreißig Jahre einer rasanten Entwicklung festgehalten.

Er versteht sich nicht als Reiseführer, sondern als ein optisches Dokument über dreißig Jahre mit begleitenden Informationen.

Michael Friedel
Abdul Azeez

INHALT

Im Schatten wippender Palmen die Seele einfach baumeln lassen oder in der Urlaubslektüre schmökern. KUDA BANDOS, das unbewohnte Eiland vor der Hotelinsel BANDOS, ist in wenigen Minuten mit dem Boot zu erreichen. Nur am Freitag, dem moslemischen Sonntag, ist die Insel ausschließlich für die Bevölkerung der Inselmetropole Male reserviert. Seite: 8 - 9

Aus dem Fenster des Wasserflugzeugs erblickt man, durch vorbeiziehende Wolkenschleier, die bizarren Atollformationen des Archipels der Malediven. Ein spektakuläres Naturschauspiel. Die Hotelinsel ASDU im Nord-Male-Atoll ragt als einzige Insel aus dem Wasser. Alle anderen Korallenbänke liegen, innerhalb des Großatolls, nur wenige Meter unter Wasser. Seite: 10 - 11

Bevor auf der 1,6 km langen und 440 Meter breiten Insel NALAGURAIDHOO im Ari-Atoll das große Hotel-Resort SUN ISLAND entstand, hatte man jahrelang Sand aus der Lagune gepumpt. So wollte man die natürlichen Strände, rund um die Insel, für die 350 Bungalows vergrößern. Die Natur folgt jedoch ihren ureigenen Gesetzen. Der mühsam herbeigepumpte Sand formte sich in kurzer Zeit zu einer großen Landzunge. Seite: 12 - 13

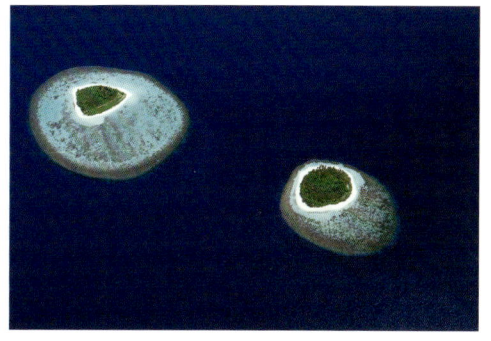

Wie zwei große Augen schauen die Inseln VABBINFARU und IHURU in den tropischen Himmel. Diese Aufnahme von 1973 zeigt die naturbelassenen Inseln mit ihrem intakten, schützenden Atollring. Heute heißen sie Banyan Tree und Angsana. Durch den - für die Zufahrt - durchbrochenen Riffring leiden viele der Hotelinseln unter Sandverlust und Erosion. Seite: 14 - 15

Bandos gehörte zu den ersten Inseln im Nord Male Atoll, die für den Tourismus genutzt wurden. Das heutige „Bandos Island Resort & Spa" ist exklusiver geworden. Bandos bekam ein neues Gesicht, wurde neu aufgebaut und gründlich renoviert. Die 600 m x 400 m große Insel ist nur 20 Bootsminuten vom Airport und der Hauptstadtinsel Male entfernt. Auf Bandos geht es etwas turbulenter zu als auf anderen Malediven-Inseln. Seite: 16 - 17

1976 war die Insel IHURU, im Nord-Male-Atoll, ein unbewohntes Eiland, das nur von Fischern und zum Ernten der Kokosnüsse aufgesucht wurde. "Robinson-Inseln" gibt es im "Paradies der Tausend Atolle" tausendfach. Von den ca. 1195 Inseln des Archipels sind nur wenig mehr als 200 bewohnt. Auf über 80 Inseln wurden bisher Hotelanlagen gebaut. Weitere sind in Planung. Seite: 18 - 19

Wie eine Perlenkette reihen sich vier unbewohnte Inseln im Baa-Atoll aneinander. Einsame Inseln im weiten Ozean. Wer träumt nicht von einem Paradies am Rande der neuzeitlichen Entwicklung, um in Ursprünglichkeit und Konfliktfreiheit in unberührter Natur zu leben? Kein hektischer Alltag, kein Leben mit der Uhr, den Dingen freien Lauf lassen, Entspannung, Weite, Wärme, Licht und Farben genießen. Text MALEDIVEN Seite: 20 - 23

Bis auf wenige Ausnahmen bleiben die Gäste und die Malediver, jeder auf seiner Insel, unter sich. Tabu für den Reisenden sind die Frauen der Malediven. Eine offenere Art von Völkerfreundschaft, auch wenn sie für den Tourismus förderlich wäre, ist in dem strengen Moslemstaat nicht erwünscht. Nach Landessitte wird bekleidet gebadet. Selbstbewusst und unverschleiert waren die Frauen dieser Inseln zu allen Zeiten. Text MALEDIVEN Seite: 24 - 27

INHALT

Habeeba, Khadheya, Latheefa und Abidhera Ibrahim gehören zur traditionellen Musik- und Tanzgruppe von Kulhudhuffushi im nördlichen Haa-Dhaalhu-Atoll. Zu besonderen Gelegenheiten, wie dem Eid Festival, wird der "Bolimalaafath Neshun - der Tanz zur Huldigung des Sultans" zelebriert. Seit 1965 wird keinem Sultan mehr gehuldigt, aber der populäre Tanz erfreut sich weiter großer Beliebtheit. Seite: 28 - 29

Zur Abendunterhaltung wurde noch in den siebziger Jahren die große Trommel Bodu Beru hervorgeholt und ausschließlich von den Männern des Dorfes mit Gesang und Tanz begleitet. Die große Trommel zeugt vom Einfluss der afrikanischen Sklaven, die als Schiffbrüchige auf den Inseln strandeten. Westlicher Rock- und Discosound wird, wie überall auf der Welt, von der Jugend von heute bevorzugt. Seite: 30 - 31

Das dörfliche Leben ist streng geordnet und wirkt harmonisch. Gegenseitige Hilfe ist auf den isolierten Inselwelten eine lebensnotwendige Regel. Auf den breiten, säuberlich gefegten Straßen, die auf allen bewohnten Inseln als eine Windschneise gegen Moskitos angelegt wurden, spielt sich der größte Teil des täglichen Lebens ab. Hier trocknen die Frauen auch den wichtigen Exportartikel, den "Maldive Fish". Seite: 32 - 33

Die Männer fahren zum Fischen oder arbeiten auf den Hotelinseln. Frauen und Kinder verlassen ihre Insel so gut wie nie. Die Insulaner sind überwiegend Selbstversorger. Neben dem importierten Reis sind Fisch und Kokosnuss die Hauptnahrungsmittel. Das Flechten von Matten aus Palmenblättern verschafft den Frauen der Inseln ein bescheidenes Einkommen. Immer mehr Luxushotels schmücken sich mit stilgerechten Palmendächern. Seite: 34 - 35

Die Fischerboote aus Palmenholz müssen einmal in der Woche zur Überholung auf den Strand. Hierfür werden alle Hände gebraucht. Die "Dhonis" sind für die entlegenen Inseln lebensnotwendig und der kostbarste Besitz. Nur wer hier ein Boot sein eigen nennt, kann es zu Geld bringen. Ohne Boote gäbe es keinen Fisch und keine Verbindung zur Außenwelt. Seite: 36 - 37

Ohne Regen kein Paradies. Die Wetterunterschiede werden hauptsächlich von zwei Monsunzeiten mit Winden aus entgegengesetzter Richtung geprägt. Heftige Regenschauer fallen vor allem in der Zeit von Mai bis Oktober. Genaue Voraussagen sind, wie überall auf der Welt, nicht mehr zuverlässig, aber auch in der Regenzeit überwiegt der Sonnenschein. Seite: 38 - 39

Intime Familienidylle im geschützten, ummauerten Wohnbereich auf KAMADHOO im Baa-Atoll vor vielen Jahren. Die meisten der bewohnten Inseln haben jetzt Strom, Kläranlagen, und Generatoren pumpen das Grundwasser in große Süßwassertanks. Die alten Brunnen haben ausgedient. Seite: 40 - 41

MALE, Metropole und Ballungszentrum der Malediven, ist hoffnungslos mit Häusern, offiziell gezählten 80.000 Menschen, über 800 Autos, Mopeds, Fahrrädern und Booten überfüllt. Es ist die einzige städtischen Ansiedlung des Inselreichs, die Schaltzentrale von Politik, Handel, Religion und Kultur. Hier liegt, zusammen mit dem nur 10 Bootsminuten entfernten Flughafen, das einzige Tor zur Welt. Seite: 42 - 43

INHALT

Was sich seit den siebziger Jahren auf der Hauptinsel verändert hat? Alles! Heute herrschen in Male "moderne Zeiten" und ein Überfluss an Waren aus der ganzen Welt. Es gibt auf der ca. zwei Quadratkilometer großen Insel keine naturbelassene Ecke mehr. Hier leben und arbeiten über 80.000 Menschen. Hochhäuser, am Marine Drive - Boduthakurufaanu Magu, prägen die Skyline. Seite: 44 - 45

Anfang der siebziger Jahre war ganz Male noch eine staubige Fußgängerzone. Auf den von Menschen gezogenen Lastkarren transportierte man die wenigen Güter, die Kokosnüsse und Fische, die von den Dhonis zur Hauptinsel gebracht wurden. Die Häuser hatten kleine, von Bäumen beschattete Gärten und als einzige Luftverbindung landete die Air Ceylon mehrmals wöchentlich auf der Nachbarinsel Hulule. Seite: 46 - 47

Früh morgens, noch vor Sonnenaufgang um fünf Uhr, verlassen die bunt bemalten Fischerboote, die Dhonis, den Hafen und kehren gegen 16 Uhr zum Fischmarkt in Male zurück. An guten Tagen werden mehrere hundert Fische in wenigen Stunden gefangen. In der Thunfischsaison sind die Boote schwer beladen mit "Bonitos" und massigen "Yellow Fins". Seite: 48 - 49

Aus der Vogelperspektive bieten die Atolle der Malediven einen faszinierenden Anblick. Diese auf Riffringen angeordneten Inseln nennen die Malediver "Atolu", woraus sich die internationale Bezeichnung "Atoll" für Koralleninseln bildete. Die größte Riff-Formation der Welt ist ein Wunder der Natur, erschaffen von winzigen Tieren - den Korallenpolypen. Seite: 50 - 51

VELIGANDU ISLAND RESORT ist eine Hotelinsel im Rasdu-Atoll. Ihre lange Sandbank besteht aus feingemahlenen Korallen und Muscheln. Gezeiten- und Monsunwechsel halten sie ständig in Bewegung, ändern ihre Form und lassen sie zeitweilig ganz verschwinden. Strandnähe kann und muss man auf allen Inseln der Malediven wörtlich nehmen. Seite: 52 - 53

Als eine kleine Sandbank auf einem Korallenriff fingen alle Inseln der Malediven einmal an. Hervorgebracht durch Wind, Wellen, Strömung und Gezeiten breiteten sie sich allmählich immer mehr aus und wuchsen zu Inseln heran. Aber so, wie sie entstanden, können sie auch, durch starke Monsune und Stürme, wieder im Meer verschwinden. Seite: 54 - 55

Eine flache Insel ist entstanden. Kokosnüsse schwemmen an, Palmen wachsen und ihre Wurzeln verfestigen den Boden. Seevögel und Einsiedlerkrebse sind die ersten Bewohner. Ein Teil des Strandes und der grüne Bereich der Insel liegt ein bis zwei Meter über dem Meeresspiegel, der Rest des sichtbaren Teils, die Lagune, bis zu zwei Metern unter Wasser. Seite: 56 - 57

Alle Kokospalmen der Malediven sind Staatseigentum und werden an Einheimische verpachtet. Wer eine Kokosnuss haben möchte, muss also fragen. Die malerisch geneigten Palmen von KUDA BANDOS sind dem Untergang geweiht, weil das schützende Riff der Insel beschädigt wurde. Stürme und die Strömung waschen den Sand immer mehr fort. Seite: 58 - 59

INHALT

Die Malediven sind eine Kette aus Groß- und Kleinatollen. Von den Großatollen ist RASDU, mit einem Durchmesser von 9,5 km, das kleinste. Es liegt an der Nordspitze des Ari-Atolls. Der große Ring ist der äußere Rand eines versunkenen Vulkans. Neben der bewohnten Fischerinsel RASDU liegen rechts und links die Hotelinseln KURAMATHI und VELIGANDU.
Seite: 60 - 61

"Als blicke man auf eine Auslage grüner Jadehalsbänder und dazwischen gestreute Smaragde auf blauem Samt", umschrieb Thor Heyerdahl die Malediven. Die runden, ovalen, langen und halbmondförmigen Eilande erheben sich nur einen bis zwei Meter über den Indischen Ozean. Sollte sich der Meeresspiegel tatsächlich in Zukunft bedeutend erhöhen, wären die Inseln dem Untergang geweiht.
Seite: 62 - 63

Jeden Tag um 18.00 Uhr, ein kurzer Abschied vom Sonnenlicht. Der Tag dauert hier, in der Nähe des Äquators, genau so lange wie die Nacht - 12 Stunden. Obwohl die Temperaturen auch nachts nur wenige Grad absinken, empfindet man es als angenehm mild. Die relativ hohe Luftfeuchtigkeit ist wegen einer stetigen Meeresbrise gut erträglich.
Seite: 64 - 65

1979 wurde IHURU für den Tourismus erschlossen. Das ovale Eiland hat einen Durchmesser von etwa 200 Metern und ist gemütlich in Minuten umrundet. Die Anzahl der Betten richtete sich früher nach dem Süßwasservorkommen auf einer Insel. Eine Meerwasser-Entsalzungsanlage versorgt heute die 45 Bungalows des Angsana Resort und Spa.
Seite: 66 - 67

"Um 6 Uhr morgens betraten wir die "Aladin", das erste motorisierte Dhoni, um ins Ari-Atoll zu fahren. Es wehte ein leichter Wind, und das große Segel wurde gesetzt. Mit Hilfe des Dieselmotors glitten wir zügig über ein ruhiges Meer und angelten 38 "Bonitos". Diese haben wir der ersten bewohnten Insel als willkommenes Gastgeschenk übergeben", notierte Marion Friedel 1973. Seite: 68 - 69

Batheli heißen die Lastensegler, die früher zwischen den Inseln verkehrten. Sie kamen aus weit entlegenen Atollen zum einzigen Handels- und Umschlagplatz, zur Sultansinsel, der Hauptstadt Male. Weite Reisen konnten bei den launischen Windverhältnissen Wochen und Monate dauern. Erst in den siebziger Jahren wurden die ersten Segelboote mit Dieselmotoren ausgerüstet. Seite: 70 - 71

Die überwiegende Mehrzahl der Malediver lebt in irgend einer Form vom Fischfang. Er stellt, neben den Einkünften aus dem Tourismus, einen Haupterwerbszweig des Archipels dar. Bei der Jagd auf einen Thunfischschwarm schließen sich mehrere Boote zu einer Fangflotte zusammen. Das Fischen mit Netzen ist auf den Malediven unüblich, es wird mit Haken und Lebendködern geangelt.
Seite: 72 - 73

Der Genuss von Alkohol ist den Maledivern strengstens verboten. Den Devisen bringenden Gästen wird zur „Blauen Stunde", der „Happy Hour", der Drink auch gern am Strand serviert. Die Entsorgung der leeren Getränkedosen ist auf den Inseln ein großes Problem. Auf einigen Inseln gibt es Bier vom Fass, und die maledivische Coca Cola- und Sodawasserfabrik liefert in Pfandflaschen. Seite: 74 - 75

INHALT

Als Hauptbeschäftigung Wasserspiele und süßes Nichtstun - dafür bieten die Malediven geradezu paradiesische Verhältnisse. "Bei Gott, ich beneide diesen Mann und hätte gewünscht, die Insel gehörte mir, wo ich mich ganz hätte zurückziehen können." Davon träumte schon vor über sechshundert Jahren der Weltreisende Ibn Battuta. Seite: 76 - 77

Stech- oder Stachelrochen sind sehr neugierig und kennen keine Berührungsängste. Jeden Tag zur gleichen Zeit kommen sie an vielen Inseln in das flache Wasser des Innenriffs, um mit den Gästen auf Tuchfühlung zu gehen. Sie lassen sich sogar streicheln und kraulen. Wenn sie sich wohlfühlen, droht auch keine Gefahr durch ihre gefährlichen Stacheln in der Schwanzpartie. Seite: 78 - 79

Der Tauchlehrer Herrwarth Voigtmann hat keine Angst vor Haien; denn die Haie in maledivischen Gewässern sind durchwegs harmlos. Viele Jahre war es Mode, Haie durch Futter anzulocken, um den Gästen einen spektakulären Zirkus unter Wasser zu bieten. Zum Schutz der Tiere, die ihr natürliches Beuteverhalten verloren und um Futter bettelten, hat man diese Shows wieder eingestellt. Seite: 80 - 81

Zu den gefährdeten Arten im Ökosystem der Meere gehören die Korallen und auch die grünen Meeresschildkröten. Bis zum ersten Lebensjahr werden die Schildkröten in einem geschützten Käfig, im flachen Wasser der Lagune von Vabbinfaru, aufgezogen. Über 60 Schildkröten werden von Azeez und seinem Team jährlich in die Freiheit entlassen. Seite: 82 - 83

Die Unterwasserwelt der Malediven zählt zum Besten, was die Meere der Welt zu bieten haben. Die ungeheure Artenvielfalt hat sich, vor allem durch ihren konsequenten Schutz, weitgehend von den Schäden regenerieren können, die in den ersten Jahren des Tourismus durch Jagen und Sammeln entstanden sind. Ein kleiner Einblick in die glasklaren Tauch- und Schnorchelgründe. Seite: 84 - 85

Baros und über achtzig weitere Inseln wurden bis heute zu Hotel Resorts in den Atollen Raa, Baa, Lhaviyani, North-Male, South-Male, Ari, Vaavu, Faafu, Dhaalu, Meemu und Seenu ausgebaut. Die kleinste Anlage mit 7 Räumen ist auf Kudahithi im North-Male-Atoll. Auf weiteren Inseln sollen Resorts gegründet werden. So will man die Bevölkerung in allen Atollen am Tourismus beteiligen. Seite: 86 - 89

Seit vielen Jahrzehnten hält Michael Friedel den Malediven photographisch die Treue. 1973 verhalf ihm die ceylonesische Air-Force zu den ersten Luftaufnahmen im maledivischen Archipel. Für ihn war es Liebe auf den ersten Blick, für die Malediver die ersten Ansichten ihrer Inseln aus der Luft. Der Photograph erzählt von seiner Arbeit und was daraus geworden ist. Seite: 90 - 91

Auf den letzten Seiten:
ALLGEMEIN WISSENSWERTES,
NÜTZLICHES
KLIMATABELLE
INSELKNIGGE
ENTDECKER- UND REISELITERATUR
LANDKARTE, IMPRESSUM
Seite: 92 - 96

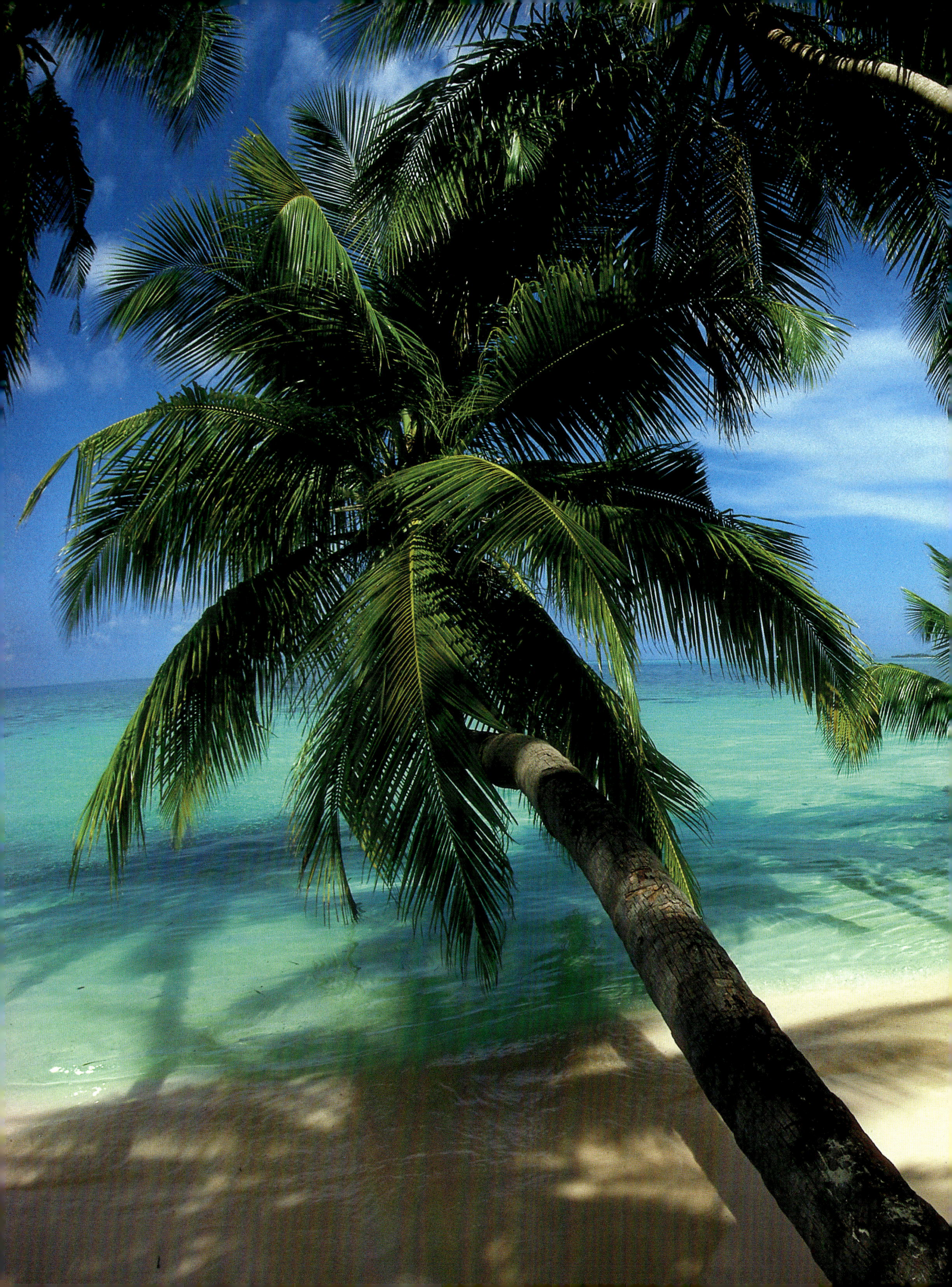

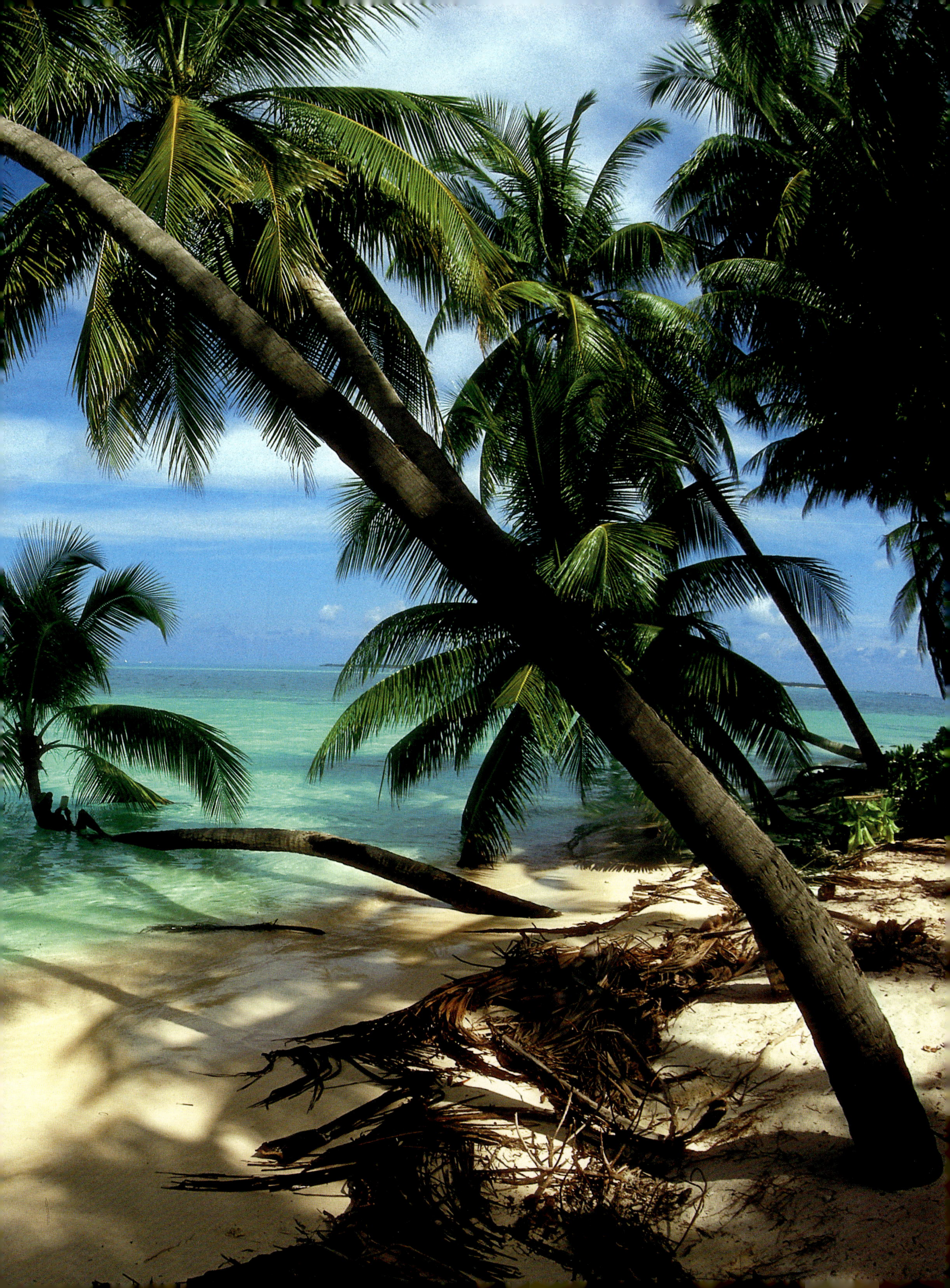

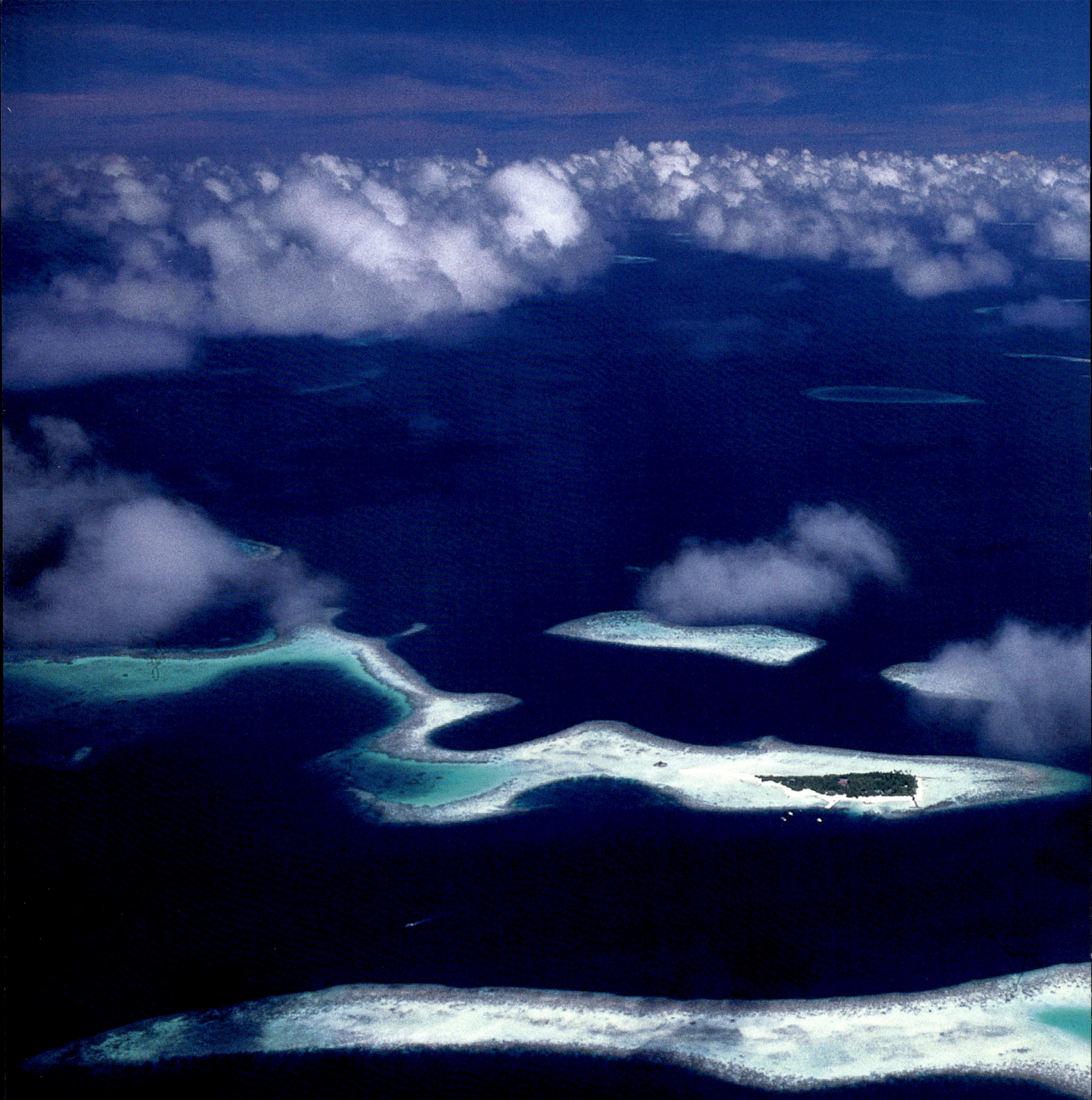

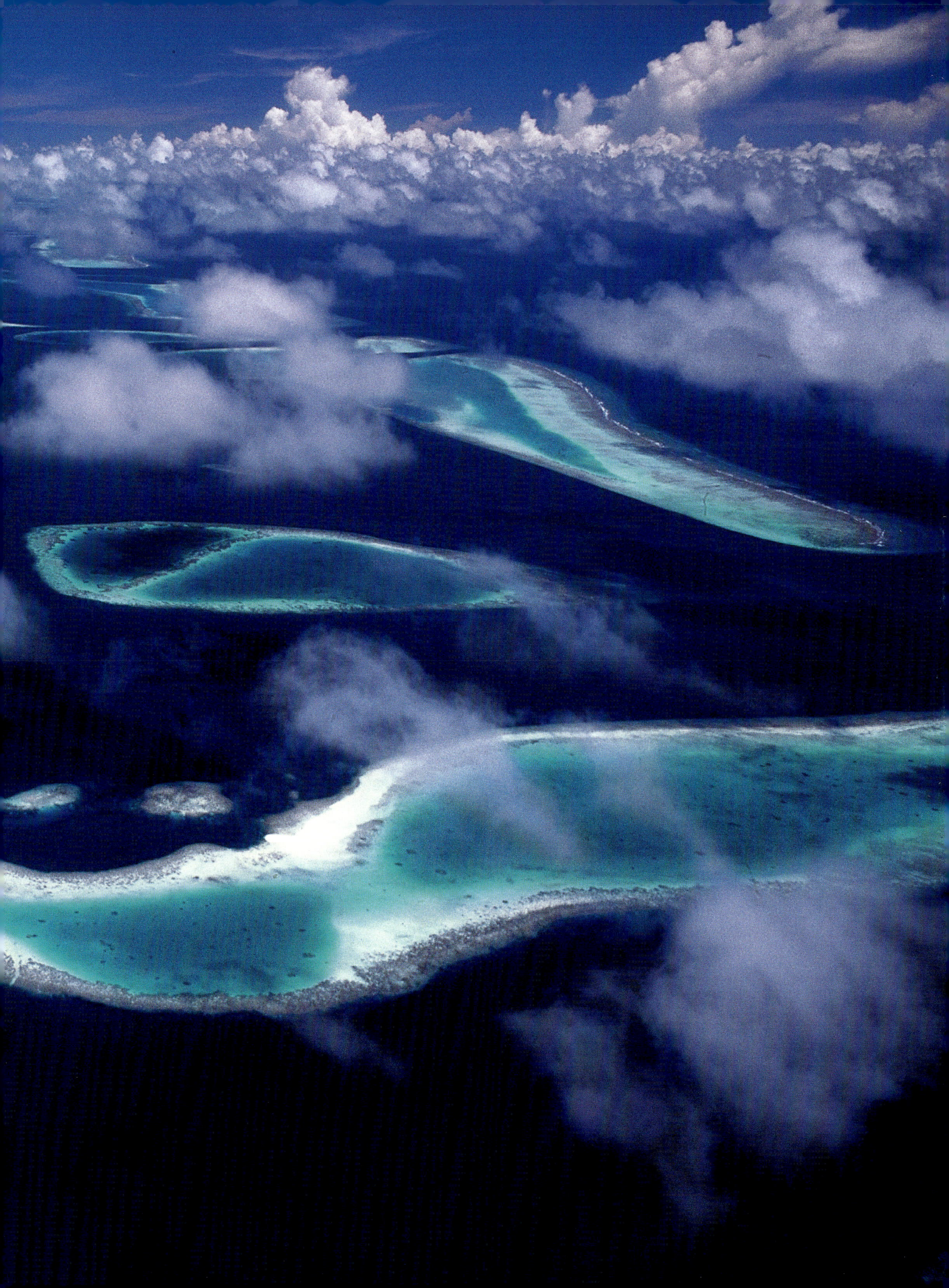

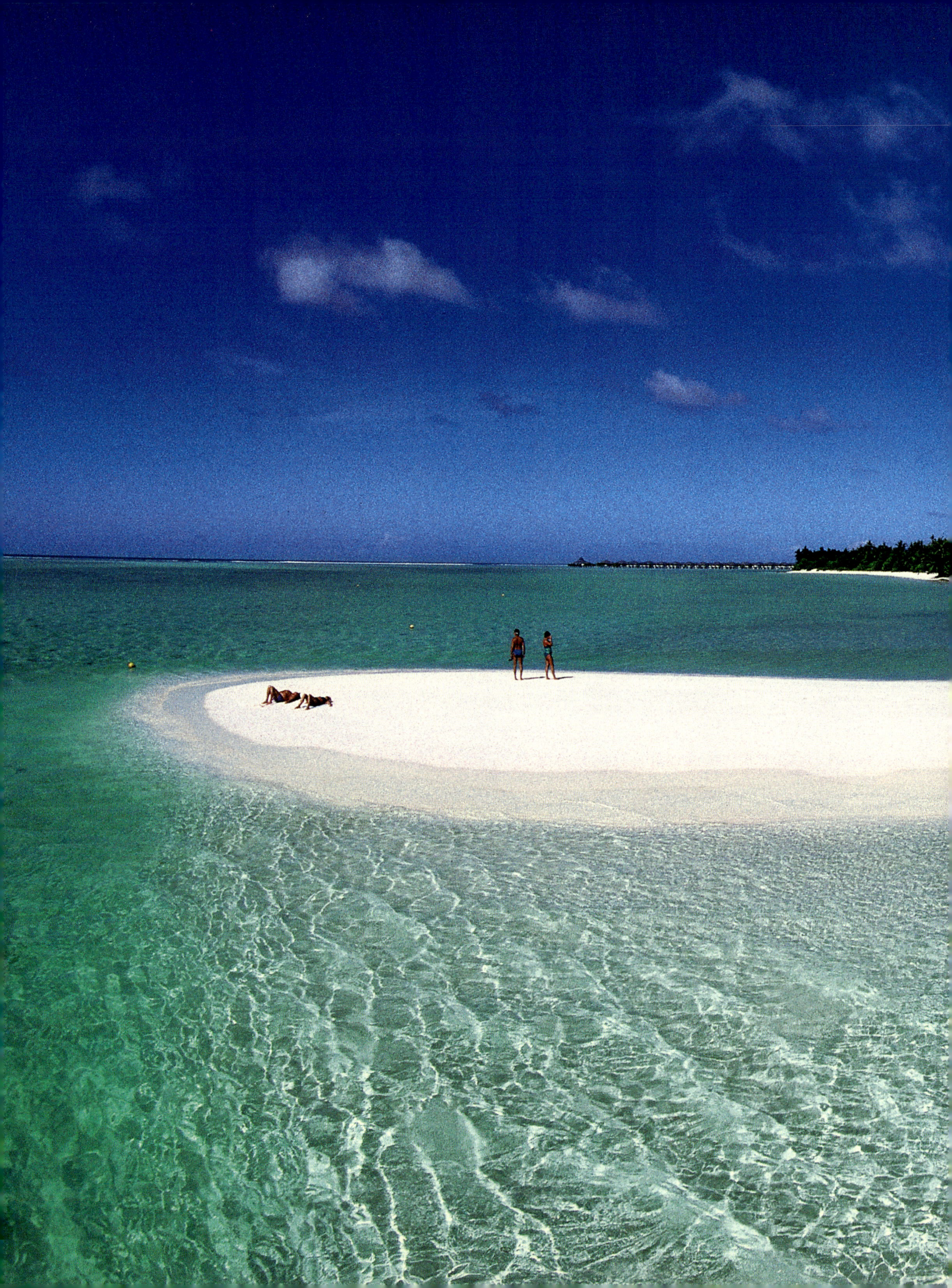

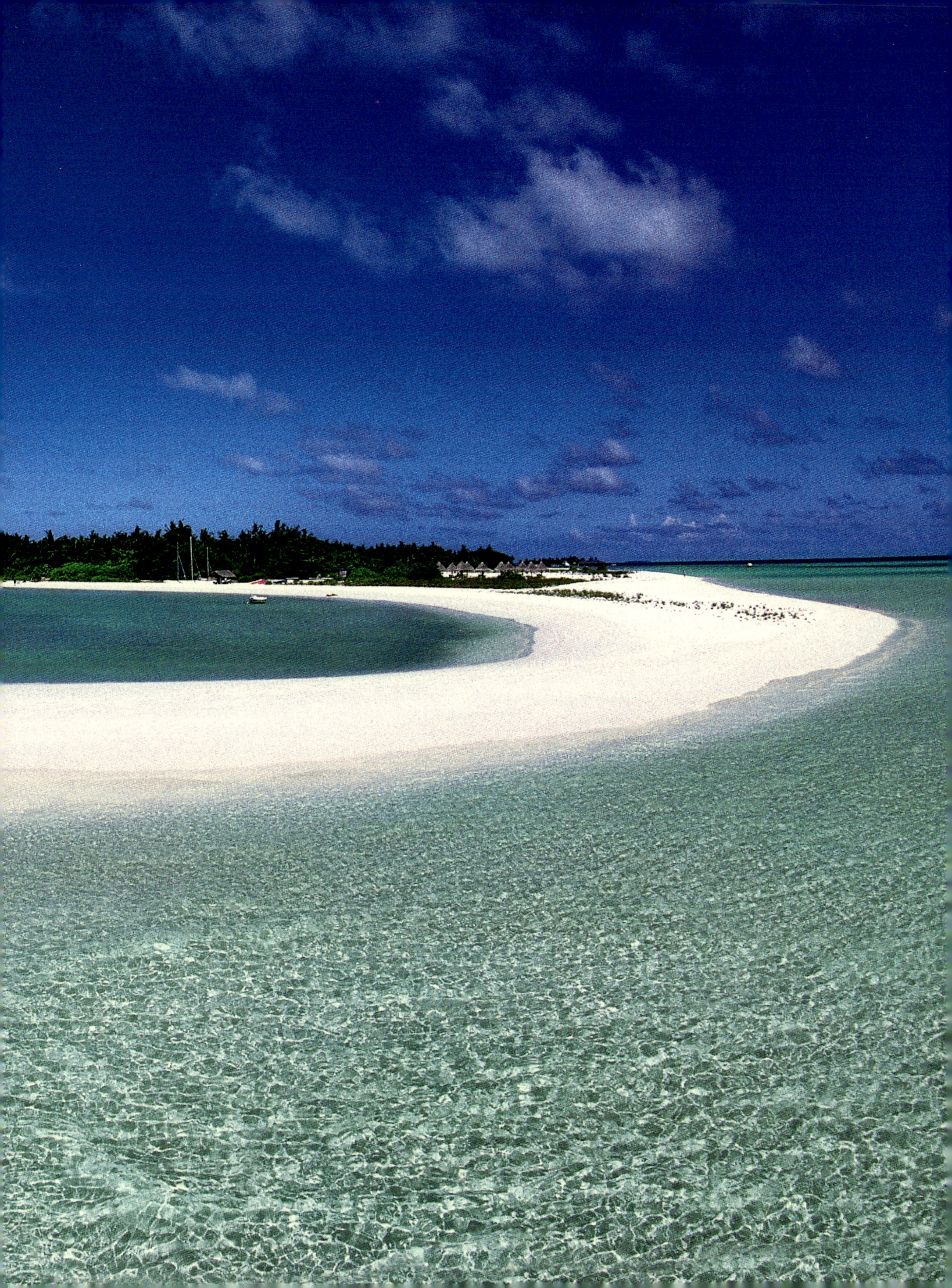

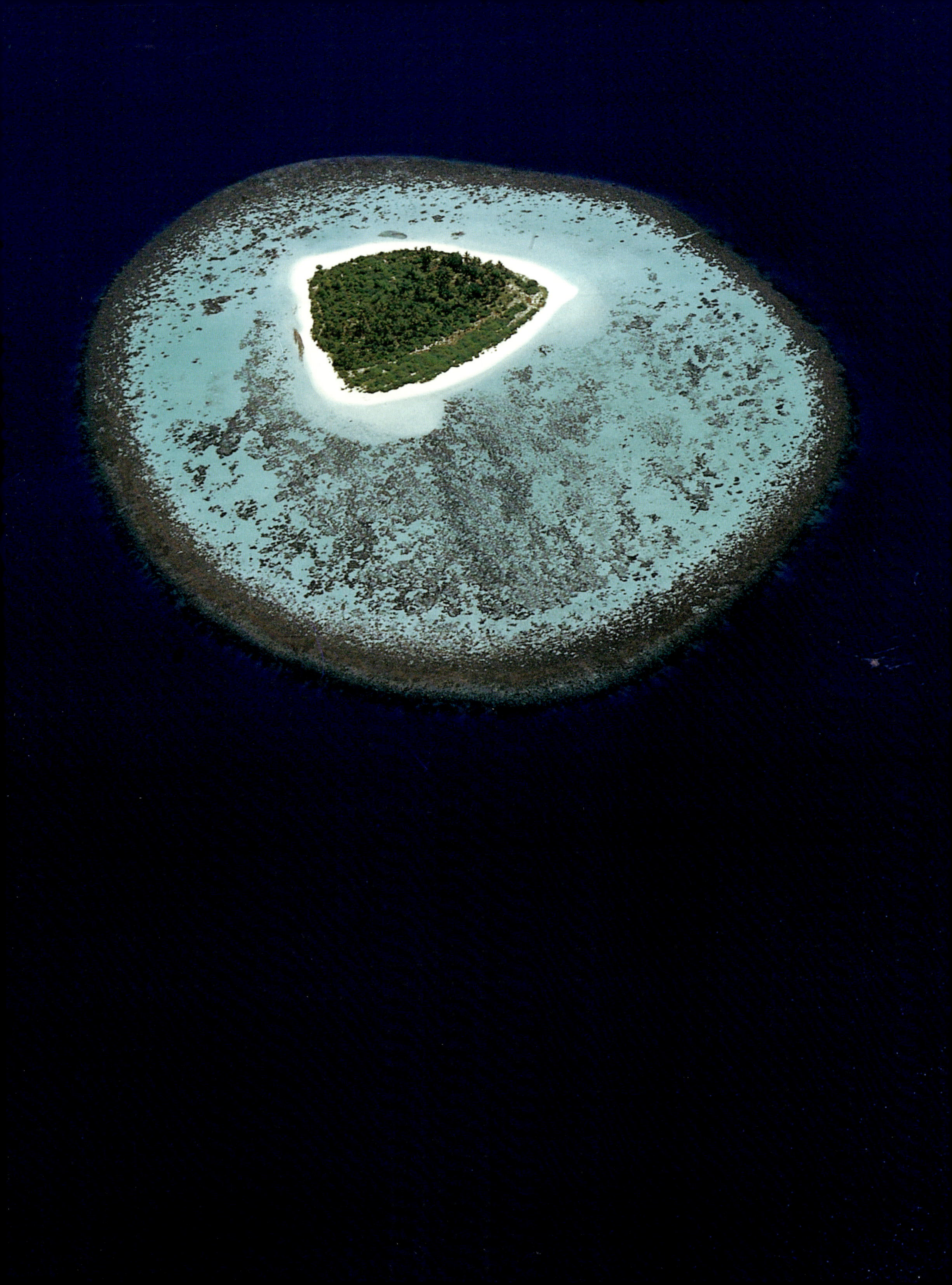

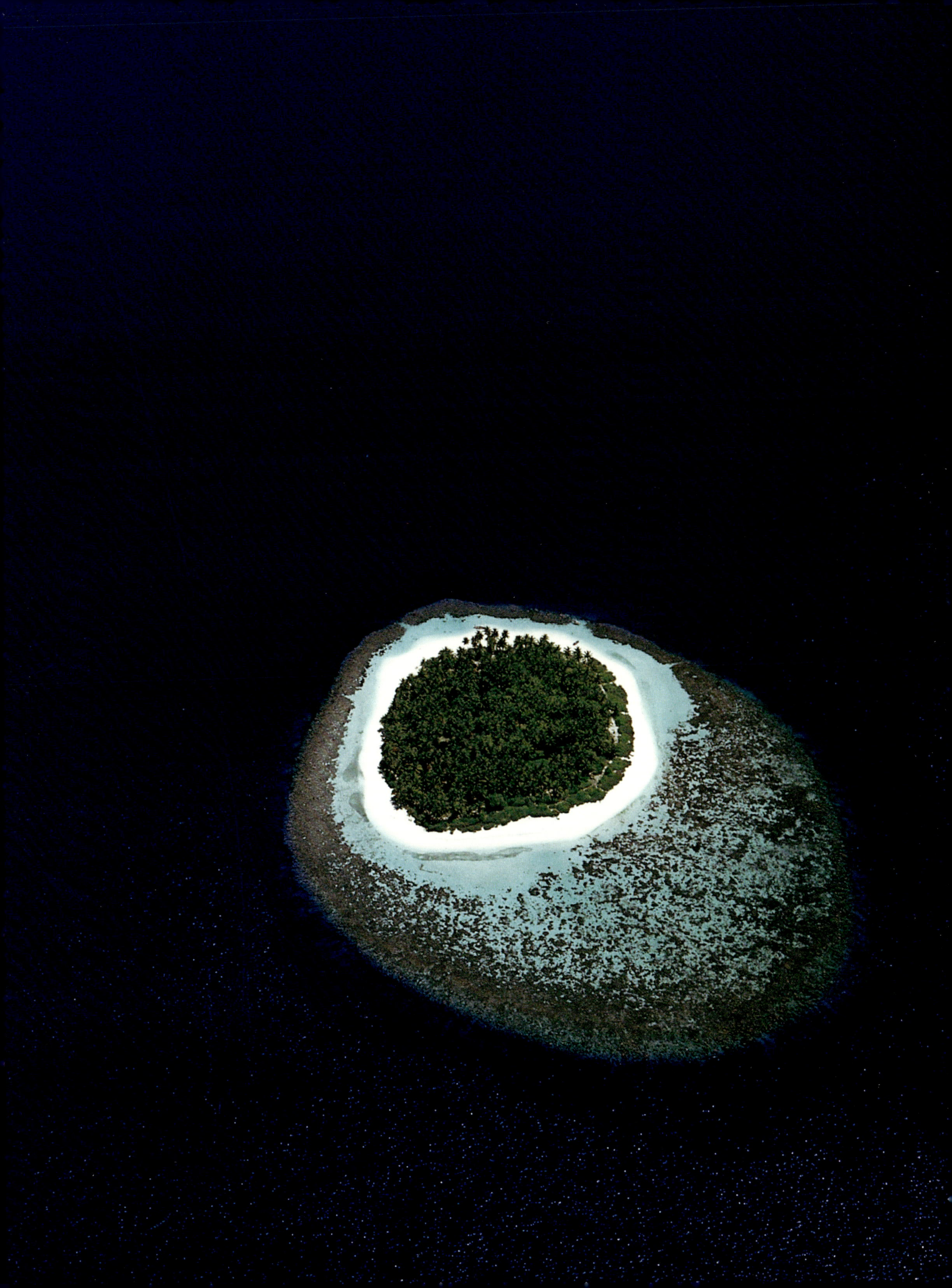

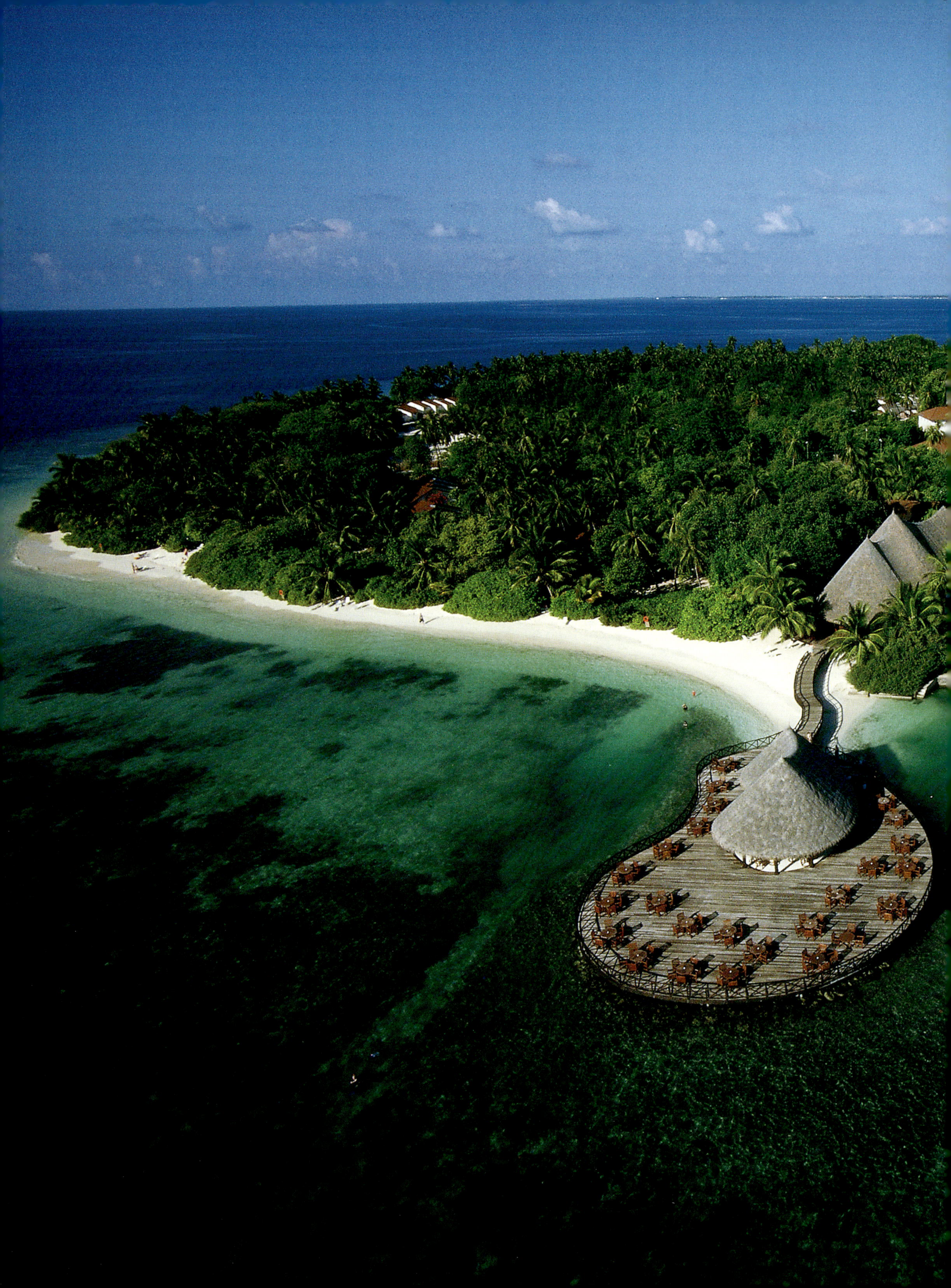

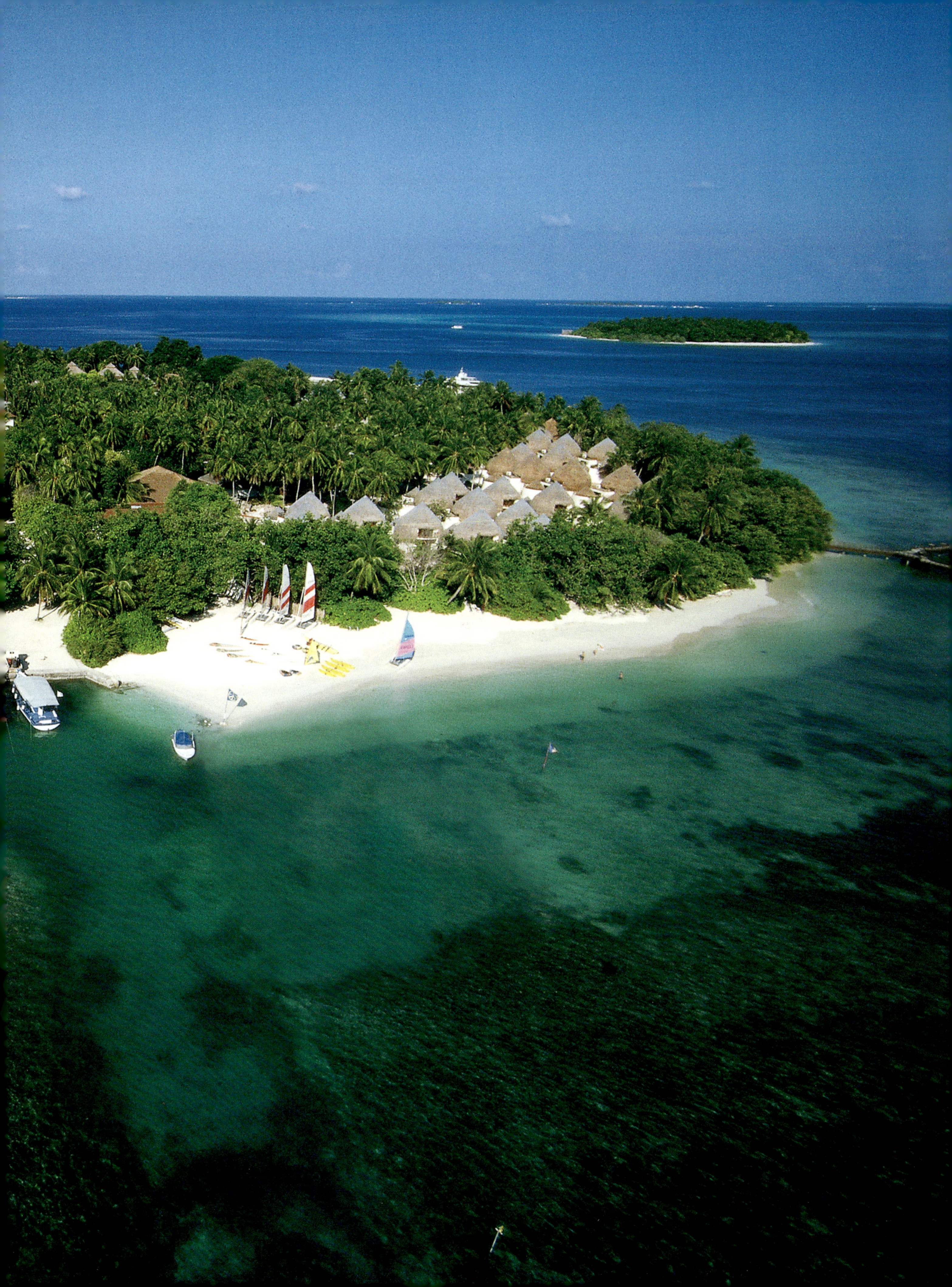

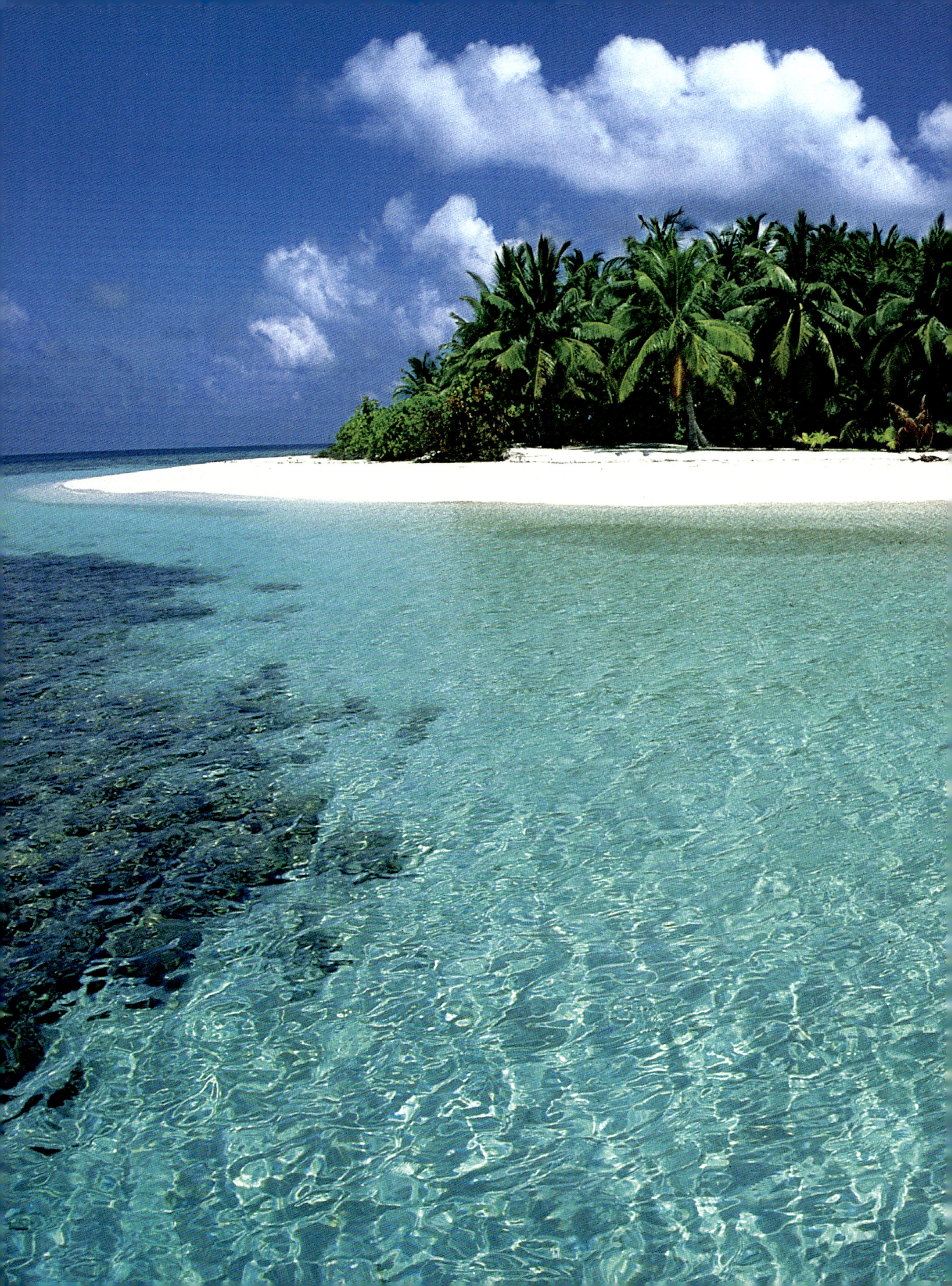

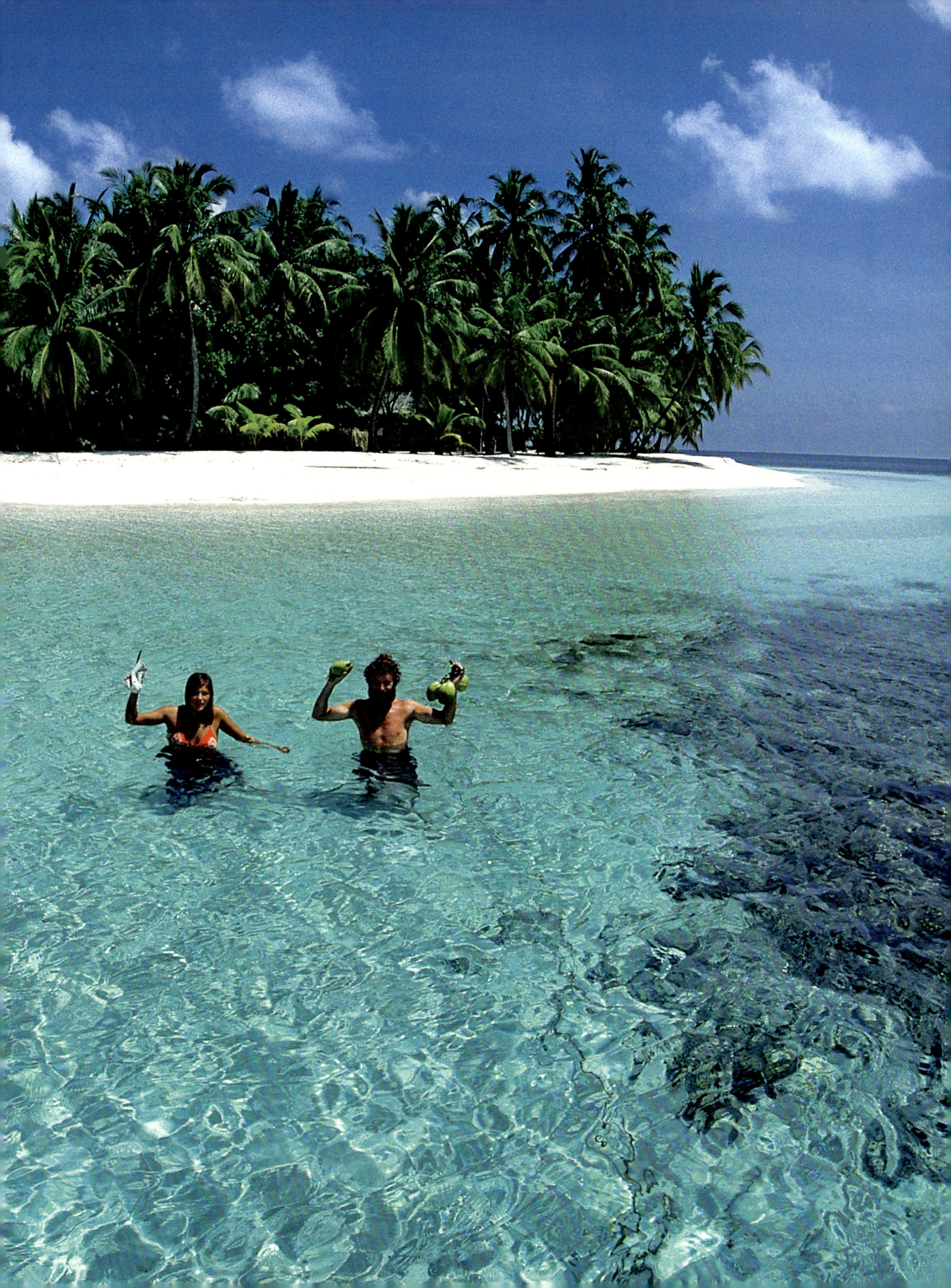

Beim Anflug taucht unter mir eine Landschaft von seltsamer Unwirklichkeit auf. Inseln, ein Meer voll winziger Inseln, mitten im Indischen Ozean. Aus dem Dunkelblau des mehr als zweitausend Meter tiefen Ozeans erheben sich die Korallenriffe. Große und kleine, runde und ovale, die Kringel der Atolle. Türkisfarbene Lagunen, Sandbänke und winzige, mit Palmen bewachsene Inselchen, umgeben von einem Kranz strahlend weißer Strände.

Vom Bootssteg fällt der Blick in kristallklares Wasser auf ganze Schwärme von bunten Fischen, wie sie bei uns nicht einmal im Aquarium zu besichtigen sind. Eskortiert von fliegenden Fischen, bringt mich ein Boot auf die Insel.

Meine Füße versinken im Korallensand, und die kleine Insel ist in fünfzehn Minuten umrundet und erkundet. Die aufregenden Abenteuer liegen nur wenige Meter von meinem Bungalow entfernt am Riffrand der Lagune. Ich schaue in eine bizarre und fremde Welt, in ein unendliches Naturaquarium. Erkenne Gebilde, die aussehen wie Hirschgeweihe, überdimensionale Gehirne, Straußenfedern und Fächer, erstarrte und sich bewegende Korallen. In diesen blühenden Korallengärten tummeln sich Fische in unglaublicher Anzahl, Farben- und Formenvielfalt, Fische, die nicht vor mir davonschwimmen, fliehen oder ausweichen, die ich vielleicht sogar berühren kann. Diese Eilande sind nur die herausragenden Spitzen eines Landes, das sich Malediven nennt.

"Dhivehi Raage" - diesen Namen gaben die Bewohner ihrem Inselreich. Sich selber bezeichnen sie als "Dhivehi" - Insulaner. Und "Atholhu" nennen sie ihre auf Riffringen angeordneten Inselchen und prägen so die internationale Bezeichnung "Atoll" für Koralleninseln.

Die Atollkette der Malediven liegt vierhundert Seemeilen von der Spitze Südindiens und Ceylons entfernt. Sie bildet die größte und eindrucksvollste Riff-Formation der Erde. Geformt wie ein Kollier, das mit annähernd zweitausend Eilanden gekrönt ist, erstrecken sich die Atollringe über eine Länge von siebenhundertsechzig und eine Breite von einhundertzwanzig Kilometer. Der Archipel der Malediven schiebt sich als natürlicher Riegel in den Seeweg nach Indien, zu Recht gefürchtet von den Seefahrern aller Zeiten. Auch Charles Darwin, der Begründer der klassischen Atolltheorie, geriet ins Schwärmen: "Wir sind überrascht, wenn uns Reisende von den ungeheuren Pyramiden und anderen großen Ruinen erzählen; wie nichtssagend sind aber die größten derselben, wenn man sie mit diesen steinernen Bergen vergleicht, welche durch die Tätigkeit verschiedenartiger Tiere angehäuft worden sind! Dies ist ein Wunder, welches nicht sogleich auf den ersten Blick unser körperliches Auge überrascht, um so mehr aber nach Überlegung unser geistiges.... Die Unendlichkeit des Ozeans, die Wut der Brandung, im scharfen Gegensatz zu der niedrigen Erhebung des Landes und der Glätte des hellgrünen Wassers innerhalb der Lagune, kann man sich kaum vorstellen, ohne dies gesehen zu haben."

Über die Entstehung der Atolle gibt es eine Anzahl abweichender Hypothesen. Laut Darwin entstanden diese Atolle, als vulkanische Inseln langsam im Meer versanken. Während die Landmasse abtauchte, wuchs gleichzeitig das sie umgebende Korallenriff, an der ursprünglichen Küste, als Ring in die Höhe. Die lichtabhängigen Korallen wachsen ständig nach oben, um sich dem Wasserspiegel anzupassen. Da die Lebensbedingungen am Außensaum günstiger sind, verödet langsam das Zentrum und wird zur Lagune. Durch Stürme, Wellen, Gezeiten und Strömung angeschwemmte Korallentrümmer und Muscheln füllen die Lagune auf, und es entsteht eine flache Sandbank. Kokosnüsse stranden, es wachsen Palmen, und ihre Wurzeln verfestigen den Strand. Seevögel, Landeinsiedlerkrebse und Insekten sind die ersten Inselbesucher. Der Archipel der Malediven zählt zu den Weltwundern, erschaffen von winzigen Tieren - den Korallenpolypen.

"Wenn sich der König von Malediven einen König von 12.000 Inseln nennt, so ist das eine asiatische Vergrößerung. Die meisten Inseln sind unbewohnt und tragen nichts anderes als Bäume. Andere sind bloß Sandhaufen, die bei einer starken Flut unter Wasser gesetzt werden...", bemerkte der deutsche Philosoph Immanuel Kant, der zwar Zeit seines Lebens nie aus Königsberg herausgekommen war, sich aber in seinen "Naturwissenschaftlichen Kollegs" kritisch mit dieser Übertreibung auseinandersetzte.

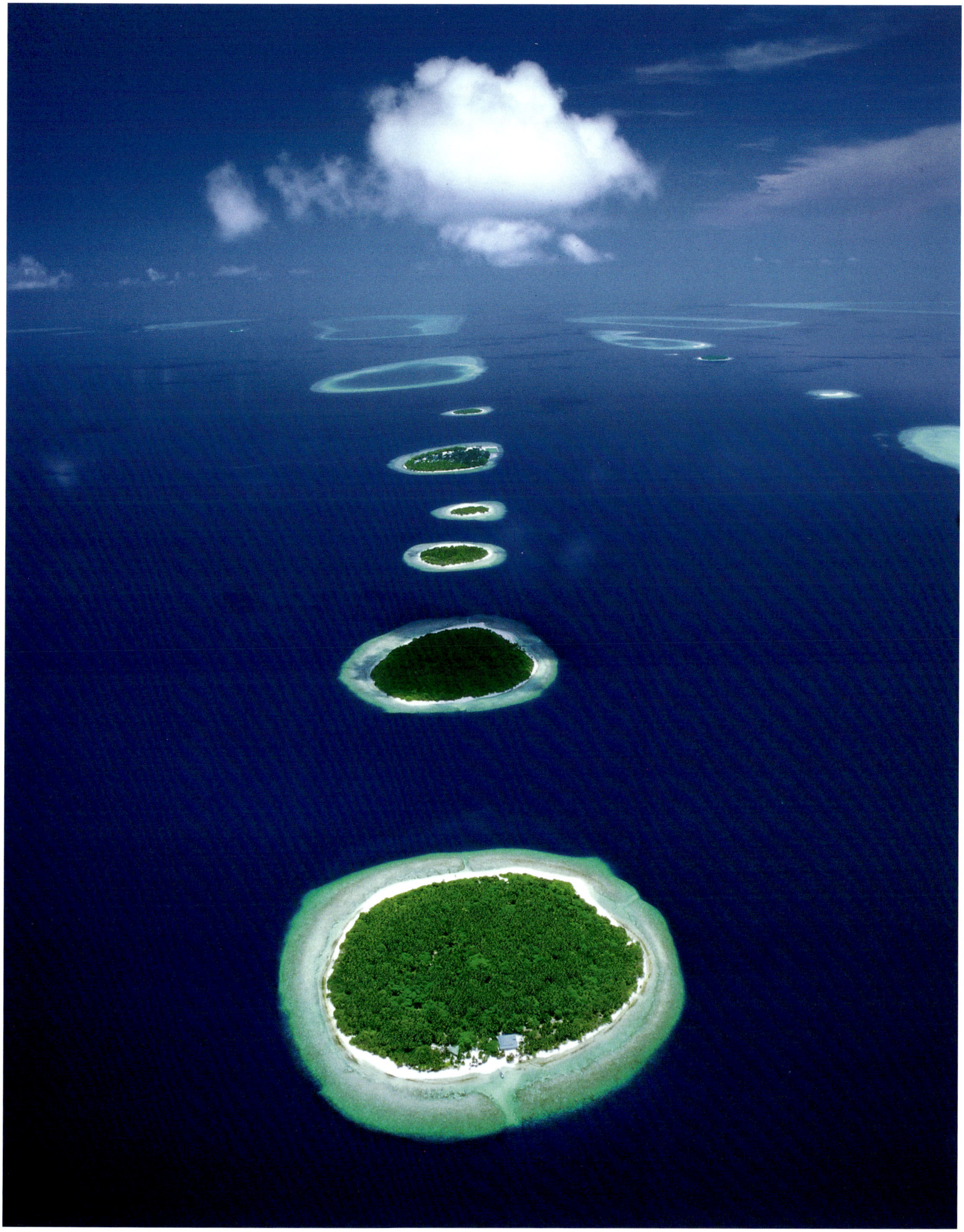

Heute geben sich die Malediver bescheidener. Sie sprechen von sechsundzwanzig natürlichen Großatollen, die zu neunzehn administrativen Atollen zusammengefasst wurden, von elfhundertfünfundneunzig Inseln, von denen zweihundertzwei bewohnt sind. Die gesamte Landfläche dieser Nation des Meeres beträgt zweihundertachtundneunzig Quadratkilometer, das entspricht nicht einmal der Größe Münchens.
Größe und Inselanzahl sind in der Korallenrepublik kein feststehender Wert. Korallenriffe sind äußerst empfindliche und langsam wachsende Gebilde. Für einen Meter brauchen sie bis zu einhundert Jahre. Nur kleine Schwankungen im Gleichgewicht der Natur lassen ganze Inseln versinken, während andere neu geboren werden.

Die frühe Geschichte ihrer Besiedlung liegt im Dunkeln. Einer Sage nach sollen singhalesische Frauen sie als erste betreten haben. Sie nannten ihr Reich "Mahiladipa" - Inseln der Frauen. Aus diesem Namen lässt sich unschwer das heutige "Malediven" ableiten. Erotische Legenden umwoben sie; mit Seefahrern, Weltreisenden, Händlern und Schiffbrüchigen haben sie sich in Liebe verbunden. Vor allem mit Arabern, aber auch mit Afrikanern und Malaien. Ihre Nachkommen prägen das Aussehen der Bevölkerung. Die Erzählungen von paradiesischen Zuständen auf den Inseln sind Jahrhunderte alt. Den ersten Reisebericht über die Malediven schrieb der marokkanische Weltreisende und Abenteurer Ibn Battuta, der im vierzehnten Jahrhundert die "Sultansinseln" bereiste und länger als ein Jahr auf ihnen lebte: "Aus Palmenfrüchten stellt man Milch und Honig her. Von dieser Nahrung, aber auch von den Fischen, erhalten die Bewohner eine merkwürdige Kraft bei der Ausübung des Beischlafs. Die Insulaner leisten darin Erstaunliches... Wenn Schiffe anlegen, so verheiratet sich die Besatzung. Wenn die Seeleute wieder abreisen, so entlassen sie ihre Frauen, was eben eine Ehe auf Zeit ist." Battuta berichtet weiter, dass schon im 12. Jahrhundert ein gut organisiertes Staatswesen bestand. Abu-ul-Barat, ein koranfester Berber, bekehrte im Jahre 1153 das buddhistische Oberhaupt und seinen Hofstaat zum Islam. Mit diesem Ereignis beginnt die offizielle Geschichtsschreibung der Malediven. Zusammen mit Quatar und Oman gehören sie heute zu jenen drei Ländern der Erde, die zu hundert Prozent Moslemstaaten sind. Von der Islamisierung des Archipels profitierte die Oberschicht auf vielfältige Weise. Die Inseln wurden dem arabischen Handelsnetz angeknüpft, und seltene Güter kamen ins Land. Der strenge Gesetzeskodex des Islam machte das Regieren einfacher und stärkte die Rolle der Zentralgewalt über ein unübersichtliches, weit verstreutes Inselreich.

Zu diesen Zeiten züchtete man auf den Malediven das Kleingeld des Welthandels, wie im Schlaraffenland, noch selber. An Ästen, die man in Lagunen legte, wuchsen zu Tausenden die Kaurieschnecken, ein Zahlungsmittel von großer Bedeutung in Afrika, Indien, Arabien und Asien. Seit dem Ende des Sklavenhandels spielt das Schneckengeld, Monetaria Moneta, im Welthandel keine Rolle mehr. Durch alle Jahrhunderte waren die Malediven, bedingt durch ihre Lage, ein unabhängiger Staat. Als Kolonie waren sie niemals interessant; denn außer Fisch und Kopra gab es nichts zu holen. Die Portugiesen hielten sich nur von 1558 bis 1575 und wurden von den Maledivern auf ihren indischen Stützpunkt Goa zurückgetrieben. Dreihundert Jahre später erklärten die Engländer die Malediven zu ihrem Protektoratsgebiet, mischten sich aber nie in die inneren Angelegenheiten des Sultanats ein. 1965 wurden die Malediven in die politische und wirtschaftliche Unabhängigkeit entlassen.

Taucher, auf den Spuren von Hans Hass, der in den fünfziger Jahren auf seiner "Xarifa"-Expedition die faszinierende Welt der Atolle und Korallenriffe der Malediven entdeckte, bildeten die Vorhut des Tourismus.

Die ersten internationalen Besucher erreichten in den siebziger Jahren die Malediven über Colombo. Nach gut zwei Stunden Flug landete die Propellermaschine auf der Insel Hulule. Vier Polizisten regelten auf dieser Insel ohne Autos den Verkehr. Ihre einzige Aufgabe bestand darin, die vier Wege, die die Rollbahn kreuzten, bis zu zweimal täglich zu bewachen, damit kein Dorfbewohner oder keine Ziege auf die Piste lief.
In "Dhonis", den maledivischen Fischerbooten, segelten die Gäste zur Insel Kurumba oder Bandos. Es waren die ersten unbewohnten Inseln, auf deren Sand einfache Bungalows errichtet wurden. Hierfür muss buchstäblich alles importiert

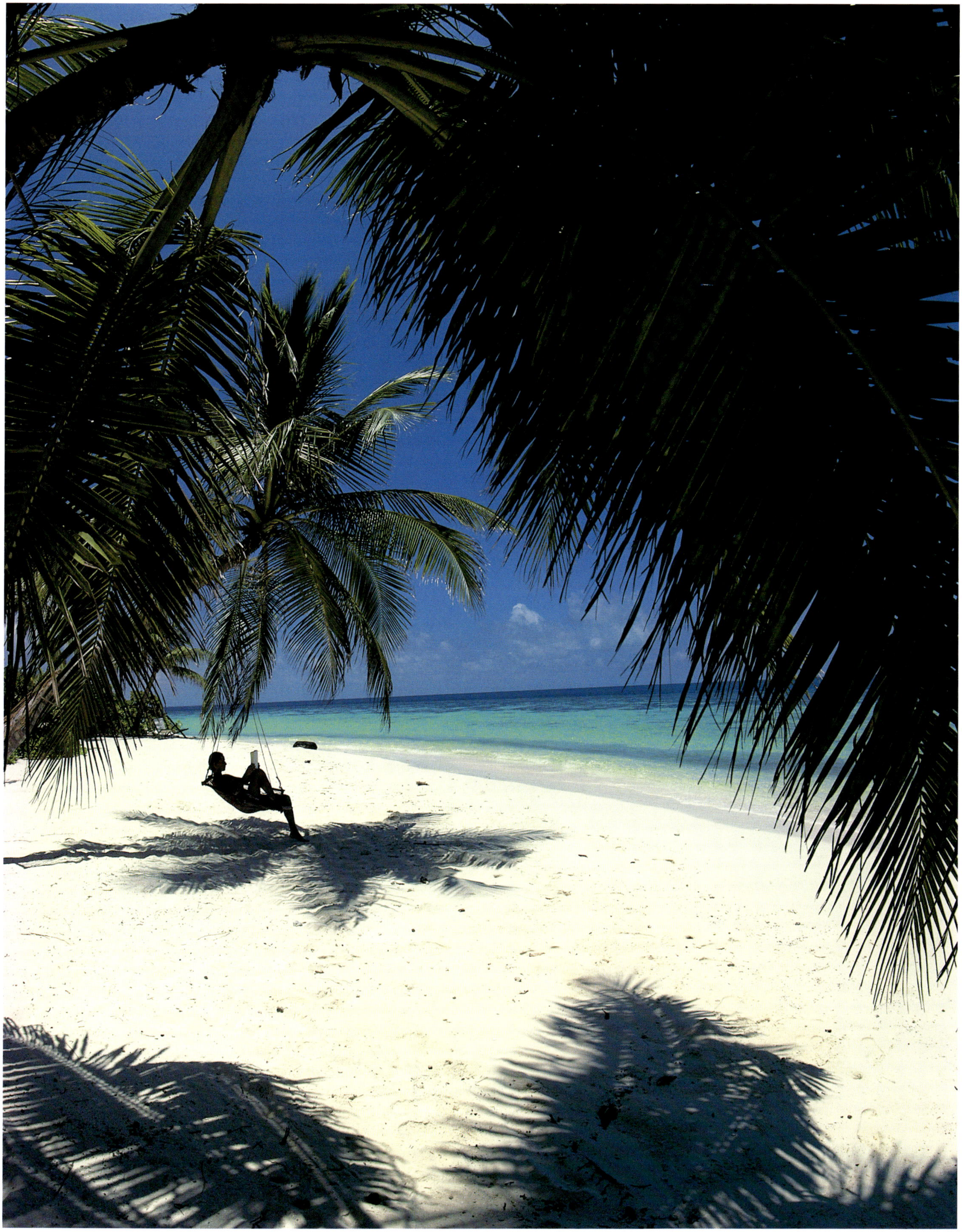

werden: jeder Nagel, Schraube, Wasserhahn, jedes Stück Wellblech, jedes Waschbecken, jede Toilettenschüssel, das Dosenbier, der Wein und das Briefpapier für die Urlauber aus Europa.

Zielforscher, geschickte Pfadfinder der Fernreisebranche, vermarkteten die kleinen Inseln mit ihren wippenden Palmen, weißen Stränden und blauen Lagunen als "Trauminseln". Fernwehgeplagt und reif für die Inseln, folgten mehr und mehr Sonnenanbeter, Schnorchler und Taucher aus aller Welt. Die verschlafene Korallenrepublik stand diesem Ansturm zunächst fassungslos gegenüber. Die Malediver, die seit Jahrhunderten völlig abgeschlossen von der Welt von Kokosnüssen und Fischfang lebten, schlitterten über Nacht in das hochtechnisierte, anspruchsvolle 20. Jahrhundert und den Massentourismus.

Aufgeweckt und intelligent lernten sie schnell das einzige, das sie im Überfluss hatten, zu Devisenbringern zu machen. Meer, Sonne, Korallenriffe und Inseln. Heute füllt der US-Dollar die Kassen des Landes. Die Regierung, seit 1965 eine unabhängige islamische Republik, machte den Tourismus von Anfang an zur maledivischen Angelegenheit und hält die Zügel fest in ihrer Hand. Alle Inseln sind Staatseigentum und stehen nicht zum Verkauf. Ausländische Investoren im Bereich des Hotelgewerbes werden nur zeitlich begrenzt akzeptiert. Nach Ablauf der Pachtzeit gehen die Gebäude und Einrichtungen in maledivischen Besitz zurück. Die ehrgeizige junge Nation will Herr im eigenen Lande bleiben und versucht, möglichst alle Funktionen des Tourismus selber zu bewerkstelligen. Die Malediver lernt man als tolerante und aufgeschlossene Menschen kennen, die sehr schnell aus neuen Erfahrungen lernen und wenn nötig Konsequenzen ziehen.

In nur zehn Jahren hatten die Malediven den Anschluss an das 20. Jahrhundert geschafft. 1972 das erste Hotel, 1977 Düsenflugverkehr und Satellitentelefon, 1978 Farbfernsehen. Von 1976 bis 1981, in den Aufbaujahren des Fremdenverkehrs, wurde die Insel Hulule entsiedelt und zur Landebahn für Großraumjets mit Korallengestein aufgeschüttet. Sie entwickelte sich zum Luftkreuz im Indischen Ozean. Die Atolle der Malediven, die aus der Luft wie schwimmende Träume wirken, wurden 1981 zum Charterparadies, nur 10 Flugstunden von den Hauptstädten Europas und Asiens entfernt. Die vom Fernweh geplagten Italiener bilden die Mehrheit der Sonnenanbeter, Schnorchler, Taucher und Surfer, gefolgt von Deutschen, Engländern, Schweizern, Skandinaviern, Franzosen, Australiern, Japanern und Chinesen.

Tourist Resort, laut Lexikon ein Zufluchts- und Erholungsort, ist die Bezeichnung für über achtzig Inseln, auf denen jeweils eine, überwiegend im Bungalowstil erbaute Hotelanlage errichtet wurde. Das bedeutete zu Beginn: eine Rezeption, ein Restaurant, eine Bar, Gästebungalows und fast immer eine Tauch- und Surfschule. Die ersten Besucher waren Reisende, die ausgerüstet mit Pioniergeist und Spaß am Improvisieren die einfach ausgestatteten naturverbundenen Tourist-Resorts, wo man weder Schuhe noch elegante Kleidung benötigte, besonders zu schätzen wussten.

Die Vorstellung von Größe misst sich nicht an der Landfläche, die meisten Inseln können gemütlich in zehn bis zwanzig Minuten umrundet werden, sondern an der Anzahl der Betten. Meerwasser-Entsalzungsanlagen haben heute den natürlichen Engpass von Süßwasser behoben und die Bettenzahl, auch dank der auf Stelzen gebauten Wasserbungalows, erheblich ansteigen lassen. Es wird enger im Paradies.

Die Tourist Resorts werden konsequent den Wünschen der Gäste angepasst und viele von ihnen zu internationalen "5 Sterne Hotel-Anlagen" ausgebaut. Klimatisierte Bungalows, Spezialitäten-Restaurants, Bars, Jacuzzi, Süsswasser-Pool, Tennisplätze mit Flutlicht, Fitnesszentren, Businesszentren mit Internetanschluss, Spa- und Wellnessoasen, Sauna, Surf-, Segel- und Tauchschulen sind hier Standard. Der erste Golfplatz auf Kuredu ist - noch - ein Einzelfall.

Bis auf wenige Ausnahmen bleiben die Gäste und die Bevölkerung, jeder auf seiner Insel, unter sich. Einheimische lernen die meisten Gäste nur als männliches Hotelpersonal und Bootsbesatzung kennen. Völkerfreundschaften wie zu Zeiten Battutas, der von der "Annehmlichkeit, die der Verkehr mit den dortigen Frauen bietet..." schwärmte, sind heute im Moslemstaat nicht mehr erwünscht und werden streng bestraft. Für die ungewöhnlich hohe Scheidungsrate, laut UNESCO der höchsten in der Welt, sorgen die Malediver selber.

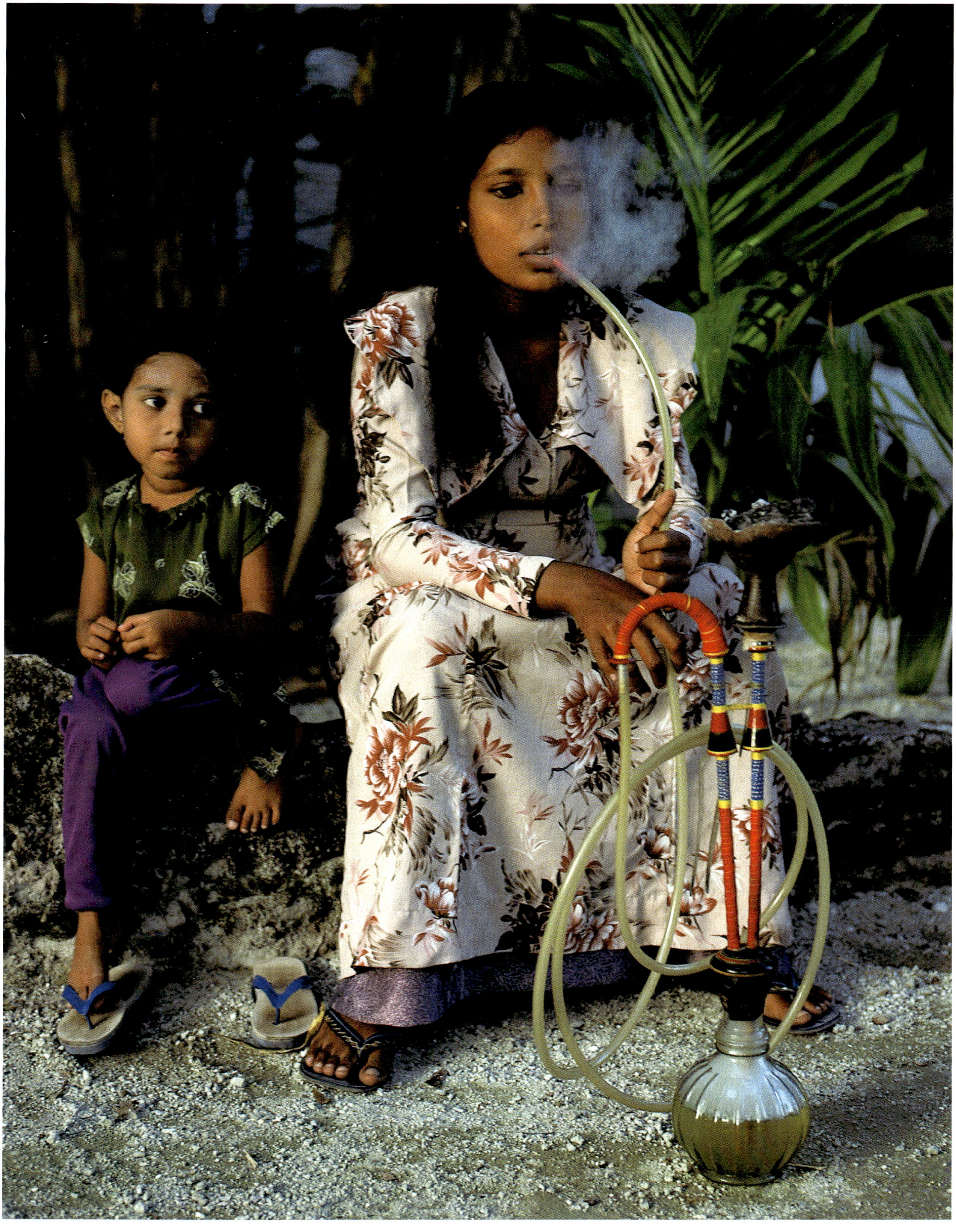

Das Bilderbuchparadies mit strengen Regeln unterteilt sich in drei Regionen und damit in drei Kategorien. Da sind zum einen die Urlauberinseln, zum anderen die einzige Stadt und gleichnamige Insel Male, seit altersher wirtschaftlicher und kultureller Mittelpunkt des Inselreichs, und dann - der Rest des Archipels.

Das westlich geprägte Leben in den Enklaven für devisenbringende Urlauber und der hohe Lebensstandard der alteingesessenen Bürger in der Machtmetropole Male, basierend auf dem traditionellen Vettern- und Familiensystem orientalischer Autokratie, hat mit dem Rest des Archipels, auf dem die Mehrheit der Bevölkerung über neunzehn Atolle verteilt in der Einsamkeit entlegener Inseln lebt, nichts gemein. Das Leben in diesen autarken und selbstgenügsamen Dorfgemeinschaften ist beschaulich, eintönig und streng geordnet. Die Männer, wenn sie nicht in Tourist-Resorts arbeiten, sind überwiegend Fischer und erwirtschaften, unter großen Mühen, den wichtigsten Exportartikel der Republik und das Hauptnahrungsmittel für ihre Menschen. Der Kontakt zu weitentlegenen Inseln und überhaupt zur Außenwelt war bis vor kurzer Zeit minimal. Das hat sich sehr verändert. Heute besitzt fast jeder Malediver ein mobiles Telefon und jede Dorfgemeinschaft zumindest einen Satellitenfernseher. "Seifenopern" made in Maldives, Nachrichten aus der weiten Welt finden faszinierte Zuschauer. Die Regierung hat beschlossen, über alle Atolle verteilt, 40 weitere Inseln für den Tourismus zu erschließen.

Verdammt zu sein im Paradies, auf eine der vielen Inseln im Archipel der Malediven, das wünschte sich Ibn Battuta schon Jahrhunderte bevor der Romanheld Robinson Crusoe die literarische Bühne betrat: "Eine Insel liefen wir an, die sehr klein war und nur ein Haus trug. Ein Weber bewohnte es mit einer Frau und Kindern. Mit einem Boot fuhr er zum Fischfang aus oder zu einer der benachbarten Inseln. Bananenbäume und Kokospalmen standen ihm zur Verfügung. Bei Gott ich beneide diesen Mann und hätte gewünscht, die Insel gehörte mir, wo ich mich ganz hätte zurückziehen können, um hier meine letzte Stunde abzuwarten."

"Zurück zur Natur, am liebsten auf eine einsame Insel."

Dieser Wunschtraum wurde Anfang der achtziger Jahre von einem deutschen Reiseveranstalter erfüllt. "Robinsonaufenthalt - eine Insel für Sie allein, oder: Reiseveranstaltung inklusive Nichts". Angeboten wurde der Flug und ein Boot für die Fahrt auf eine unbewohnte Insel. Ausgerüstet mit Proviant, dem Überlebensbuch der US-Marine und einer Angelschnur konnte sich der paradiessuchende Zivilisationsmensch in einer bis drei Wochen zum Naturmenschen zurückentwickeln. Aber die Robinsonaden scheiterten an zuviel Natur, dem Inselkoller oder an mitleidigen Fischern, die den einsamen Menschen erlösen wollten; denn die schwerste Strafe auf den Malediven ist, auch heute noch, die Verbannung auf eine fremde Insel. Die Robinsoninseln wurden vom Reiseveranstalter für immer aus dem Programm verbannt.

Eine moderne Variante sind die Tagesausflüge in einem Wasserflugzeug zum "Robinson Crusoe" Picknick. In Begleitung eines Reiseleiters teilen sich bis zu fünfundzwanzig Robinsone für zwei Stunden eine unbewohnte Insel und ein Strand-Buffet.

Die schönste Art, die Atolle der Malediven zu bereisen, ist für mich in einem Safariboot. Das sind Dhonis, die für längere Reisen ohne viel Komfort, aber mit dem Notwendigsten ausgerüstet wurden. Wer auf ihnen durch den Archipel der Malediven gleitet und dann, in der unendlichen Weite des Meeres, plötzlich eine Insel am Horizont entdeckt, der glaubt sich am Ziel seiner Träume.

Inseln, überschaubare Eilande wie die Atolle der Malediven, wecken seit jeher das romantische Gefühl von ungestörtem Glück, von einer privilegierten Existenz ohne Zivilisationsängste. Kein hektischer Alltag, keine Entfremdungen in der täglichen Arbeit. Nie wieder, so träumt man, wird man der Sklave seiner Bedürfnisse sein.

Marion Friedel

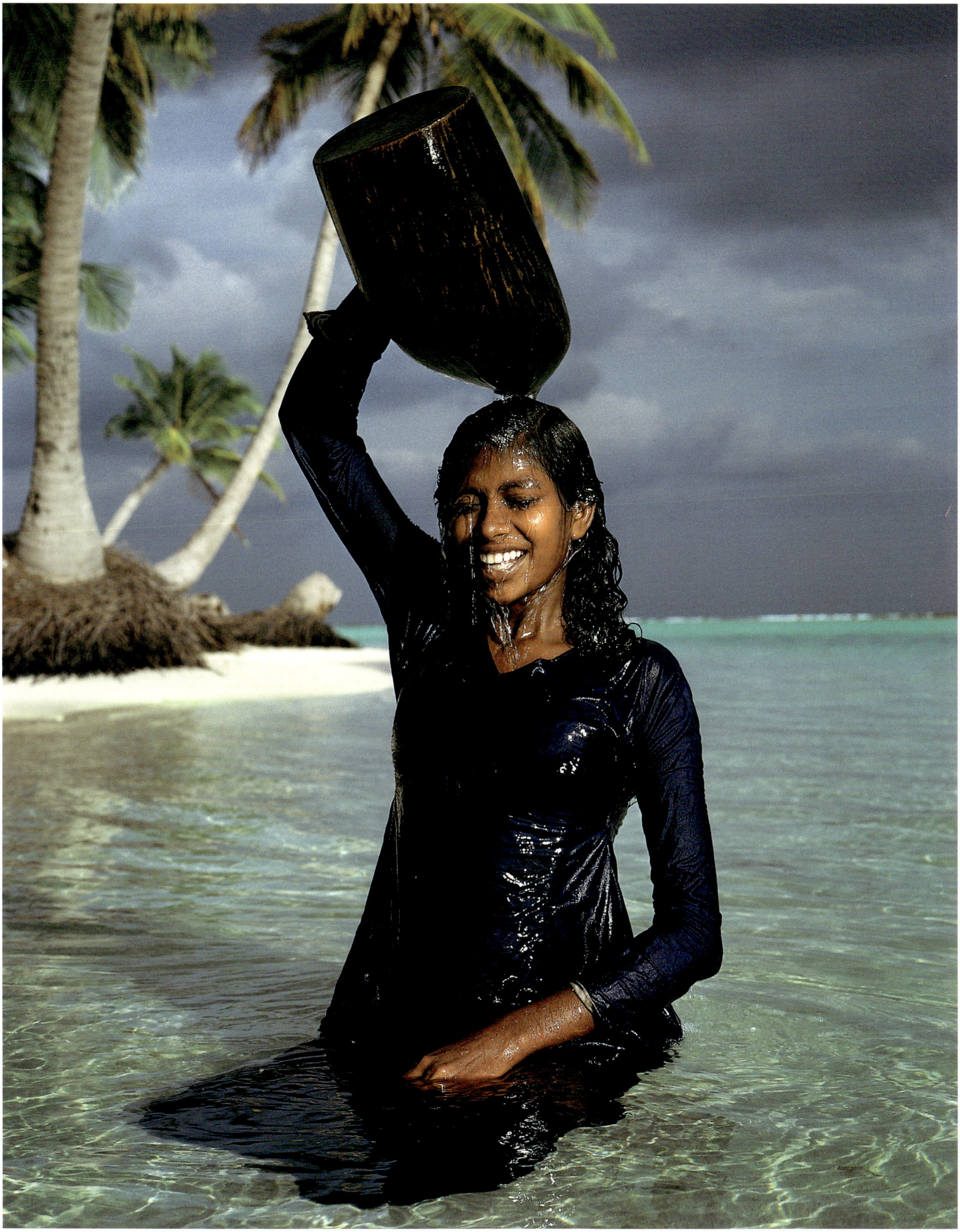

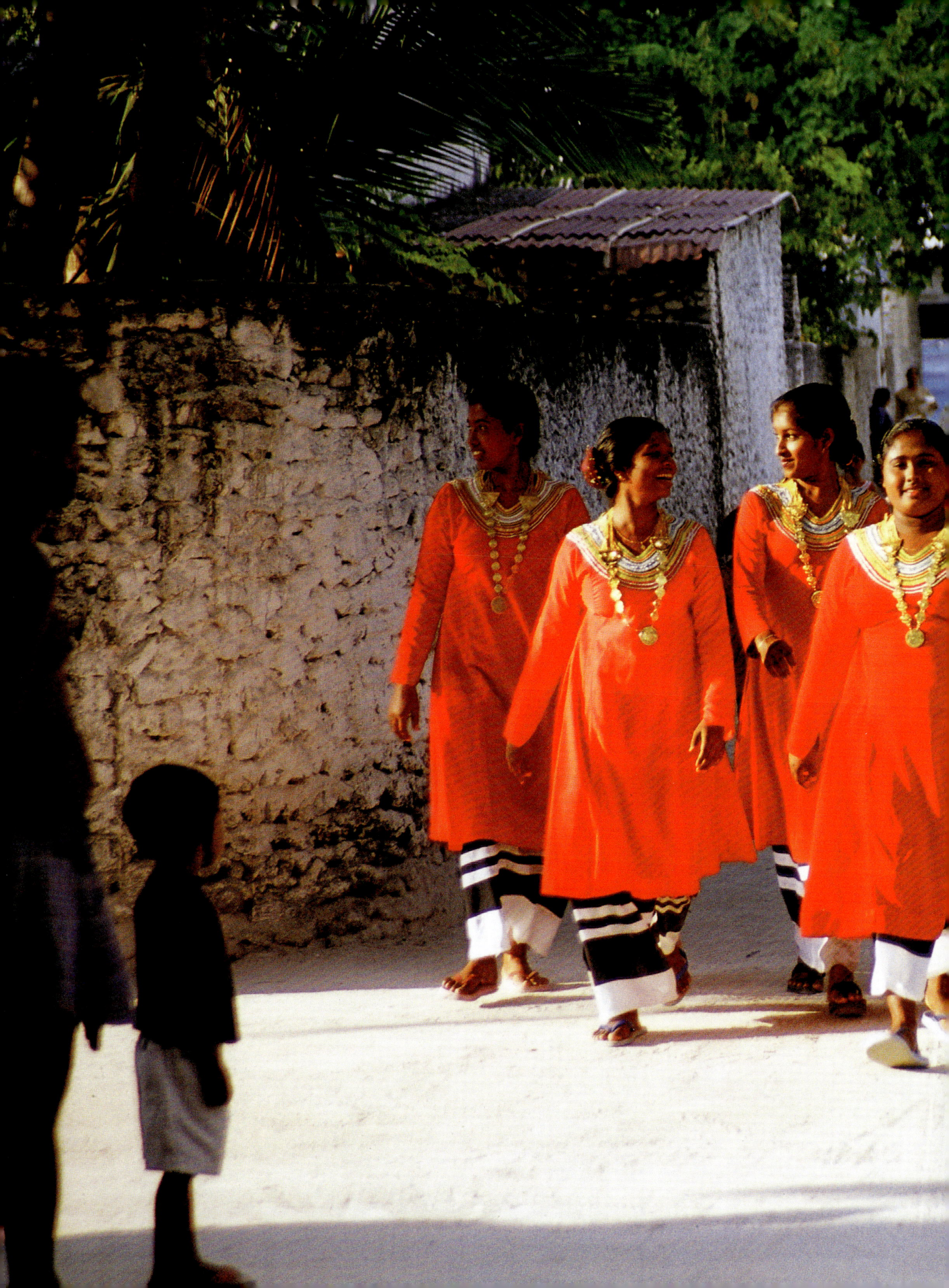

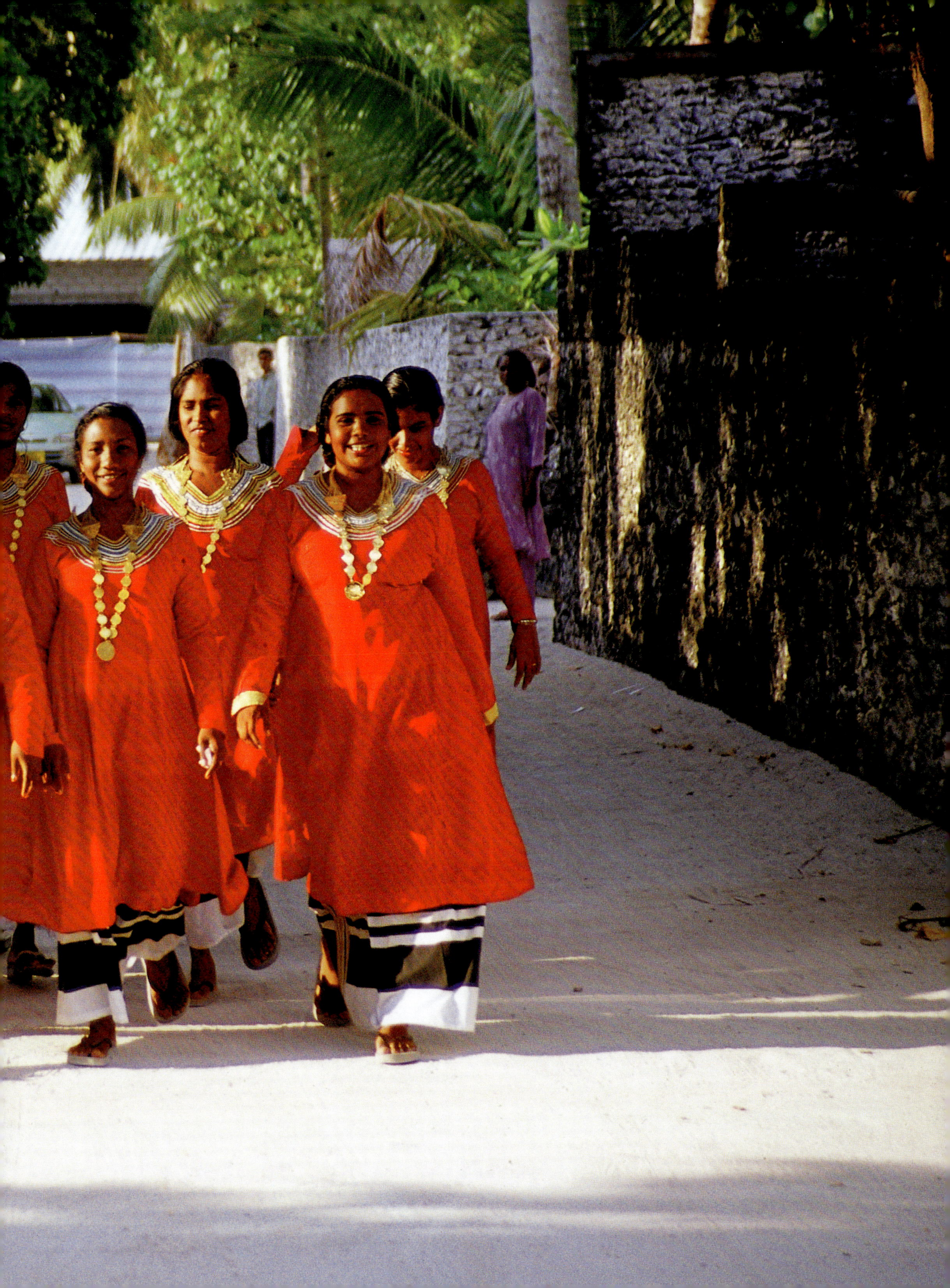

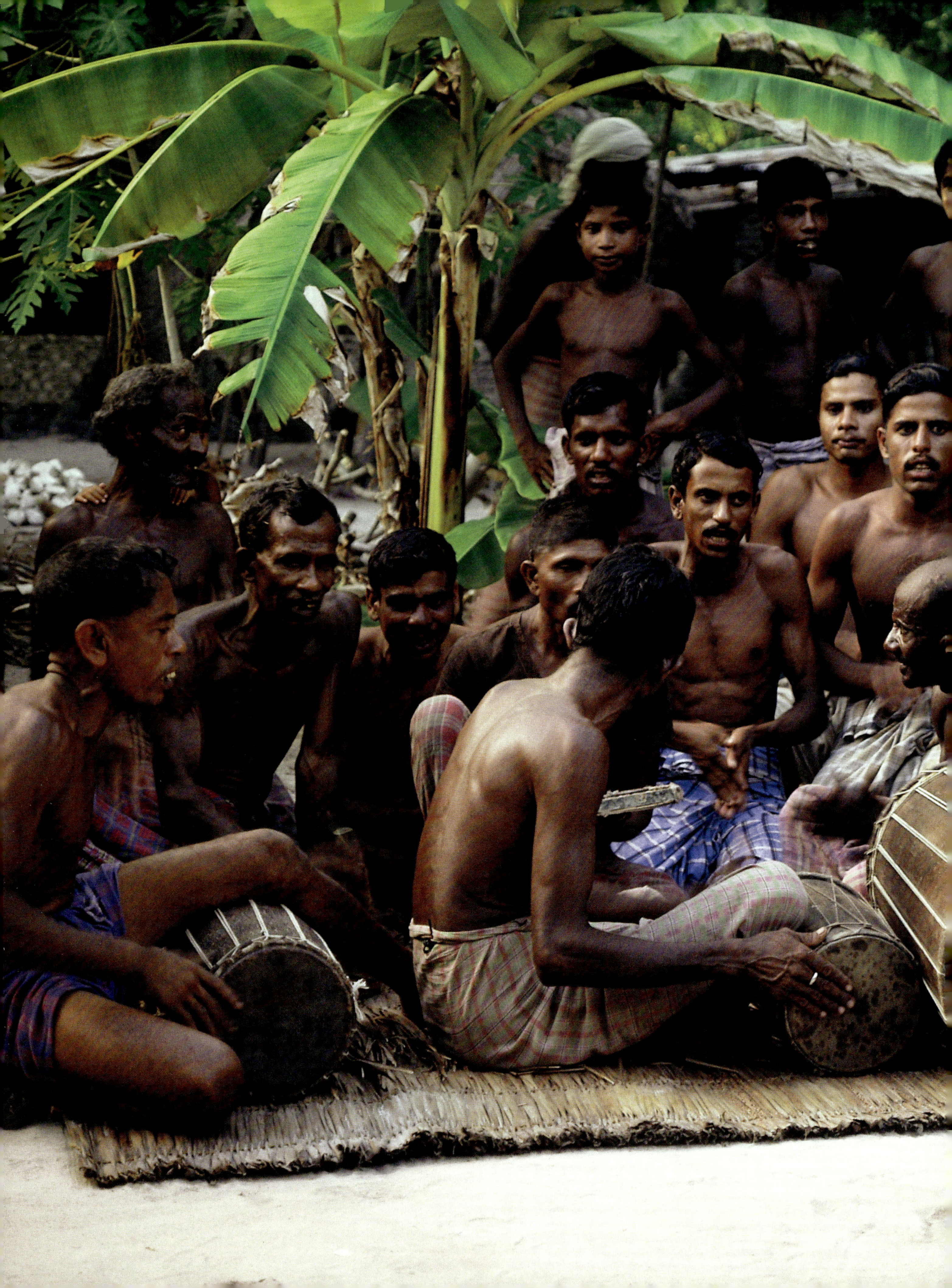

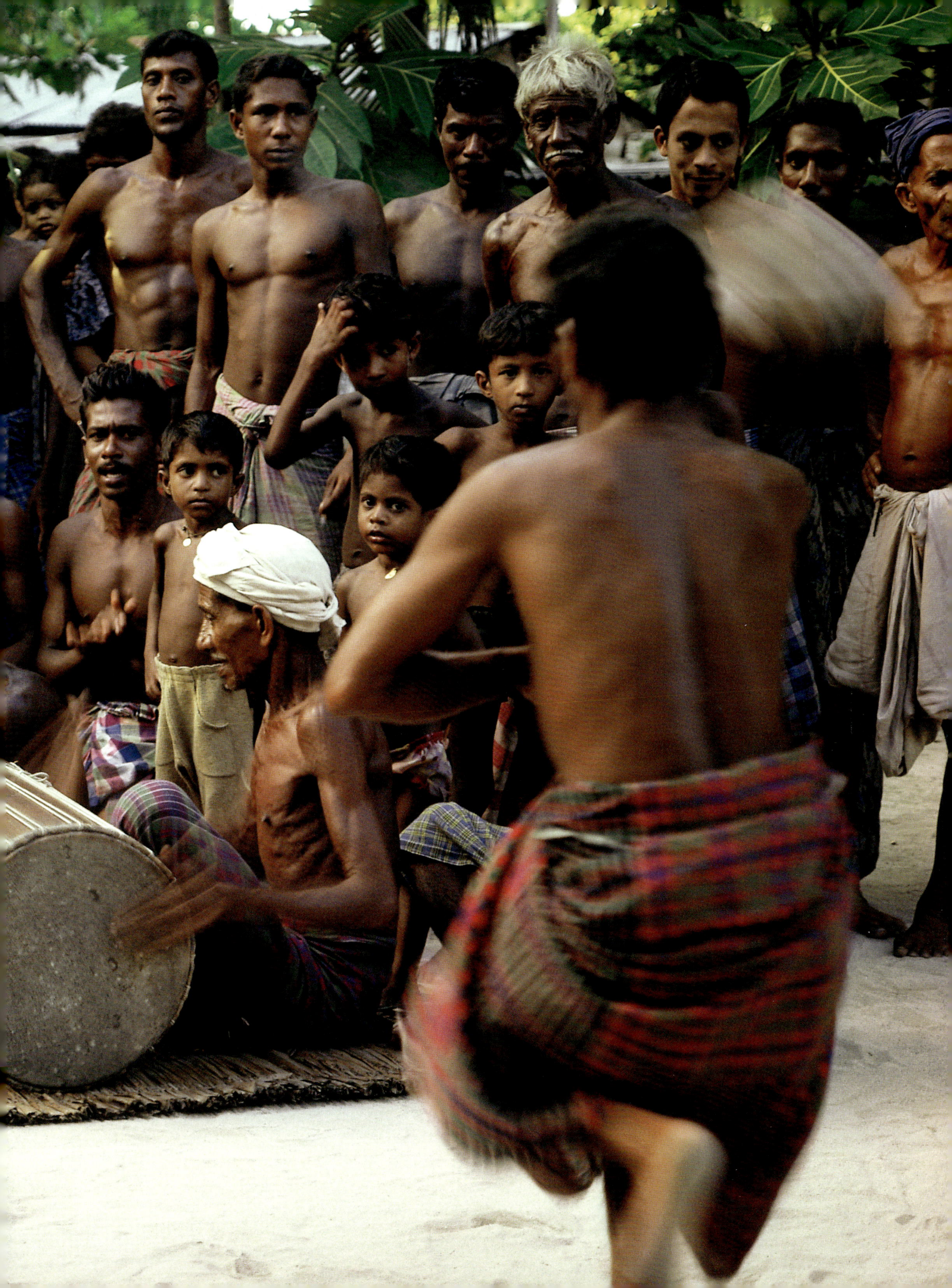

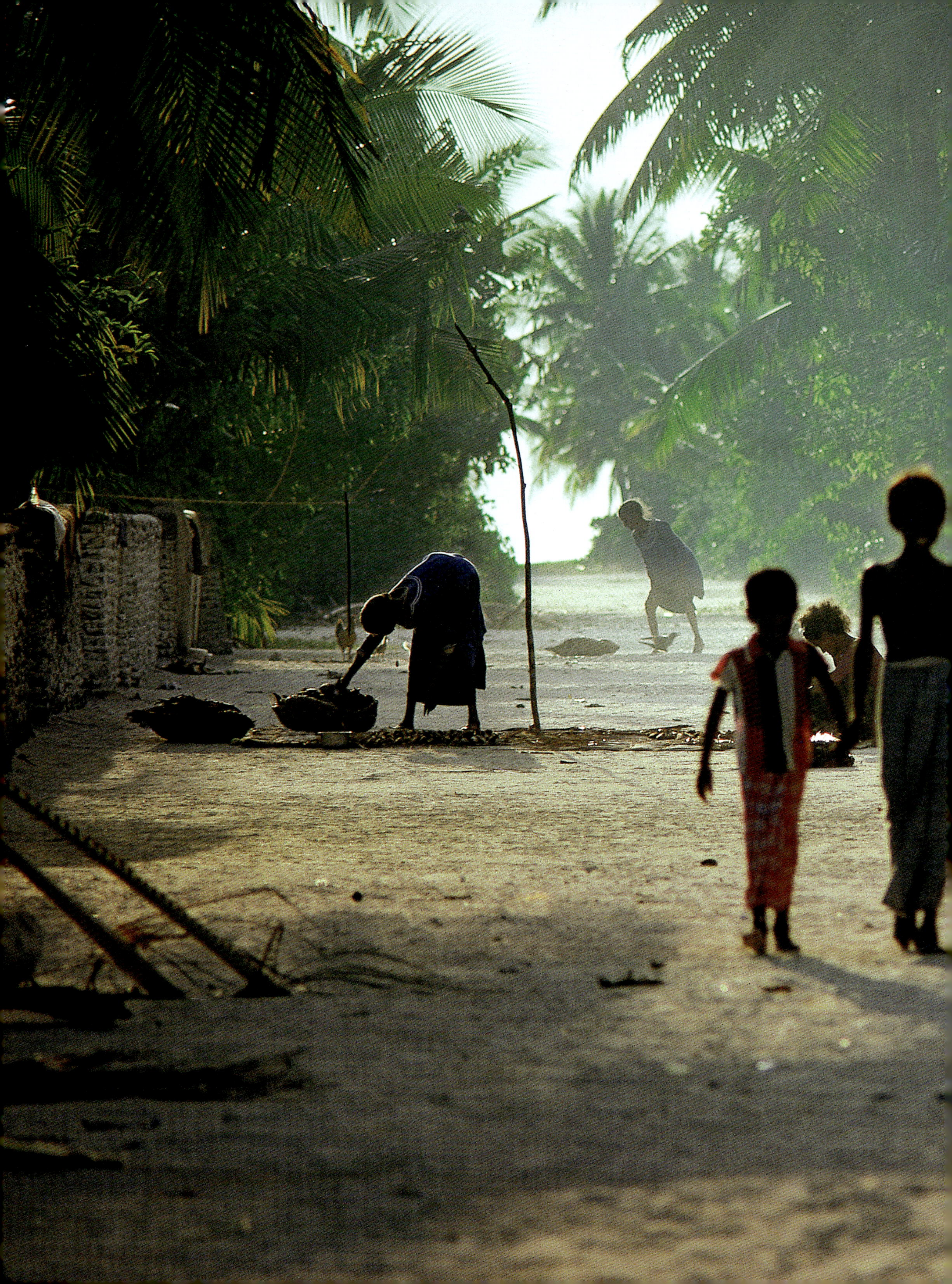

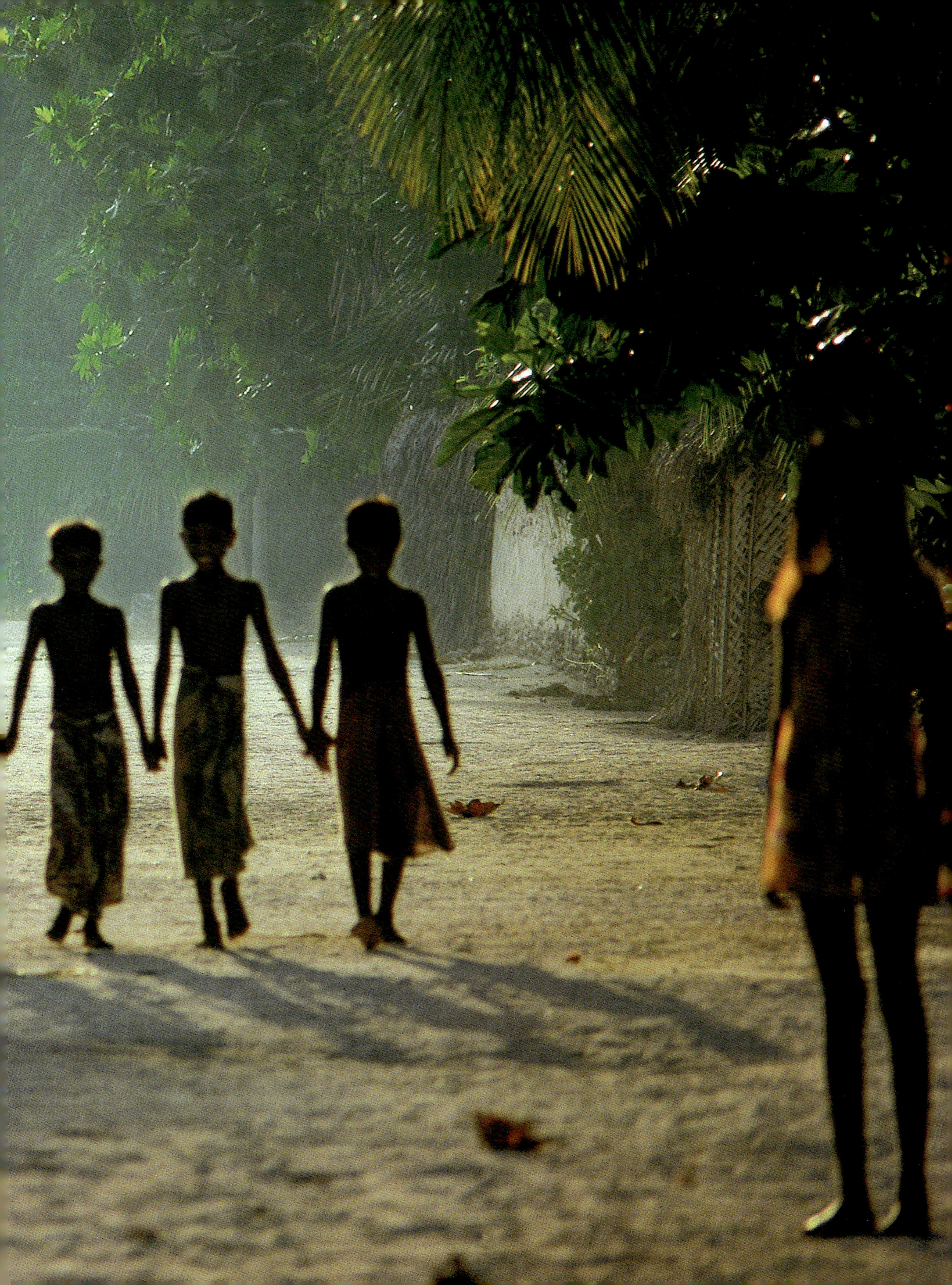

LEBEN AUF DER INSEL

Fischer auf traditioneller Hängeschaukel

Trockenfisch

Aus Palmenblättern entstehen Matten für die Dächer der Luxushotels

Fischerflotte auf Kulhudhufushi

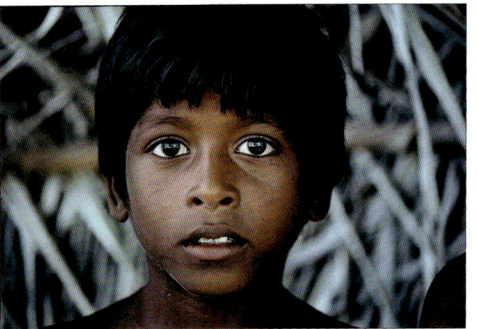

Schulpflicht auf jeder Insel

Strandputz auf Nolhivaramu

Moderne Zeiten auf Nolhivaramu

Ausserhalb des ummauerten Familiengrunds ist mehr Platz zum Mattenflechten

Topfschrubben mit feinem Korallensand. Die Inselkrähen von Nolhivaramu fressen die Reste.

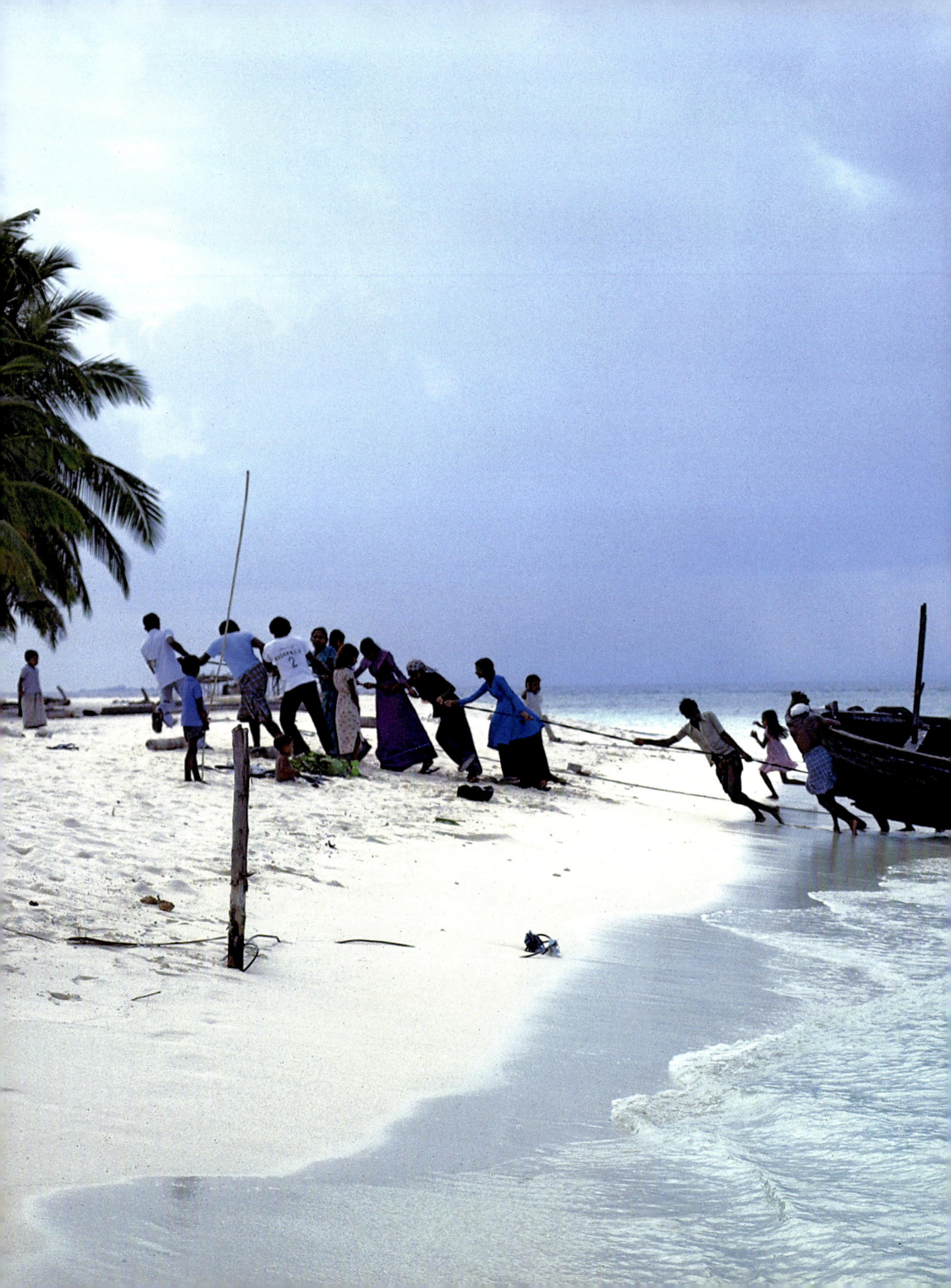

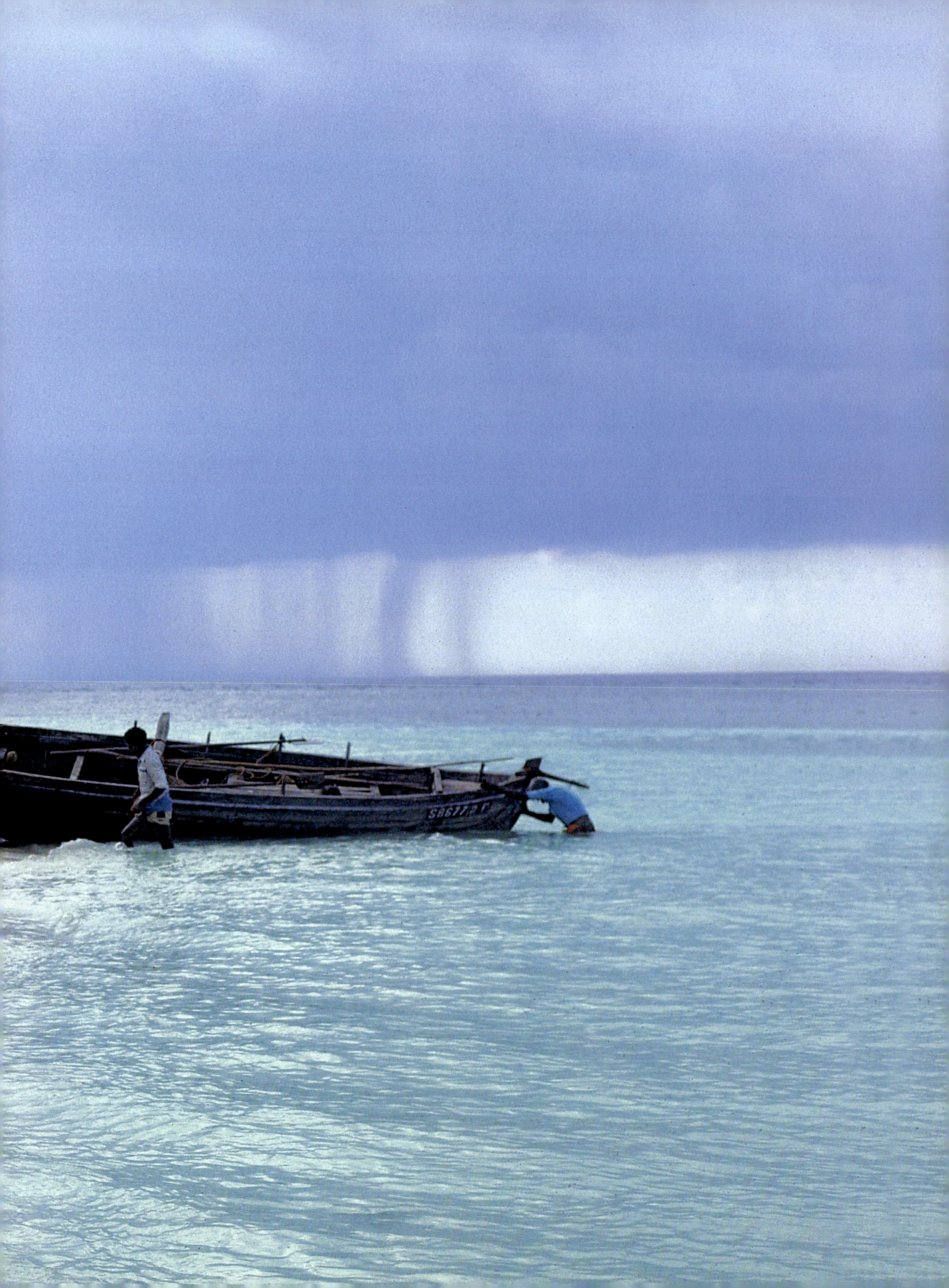

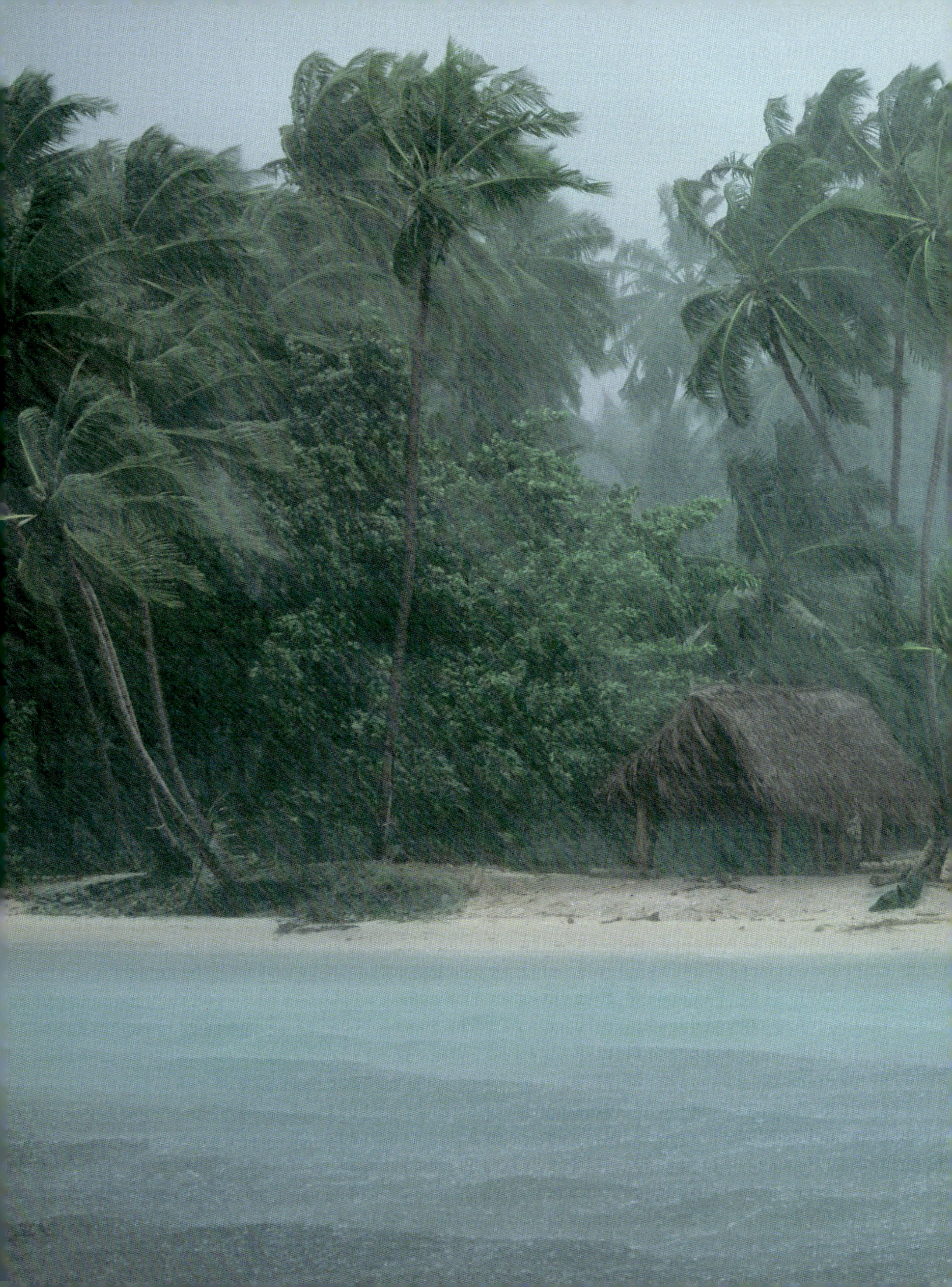

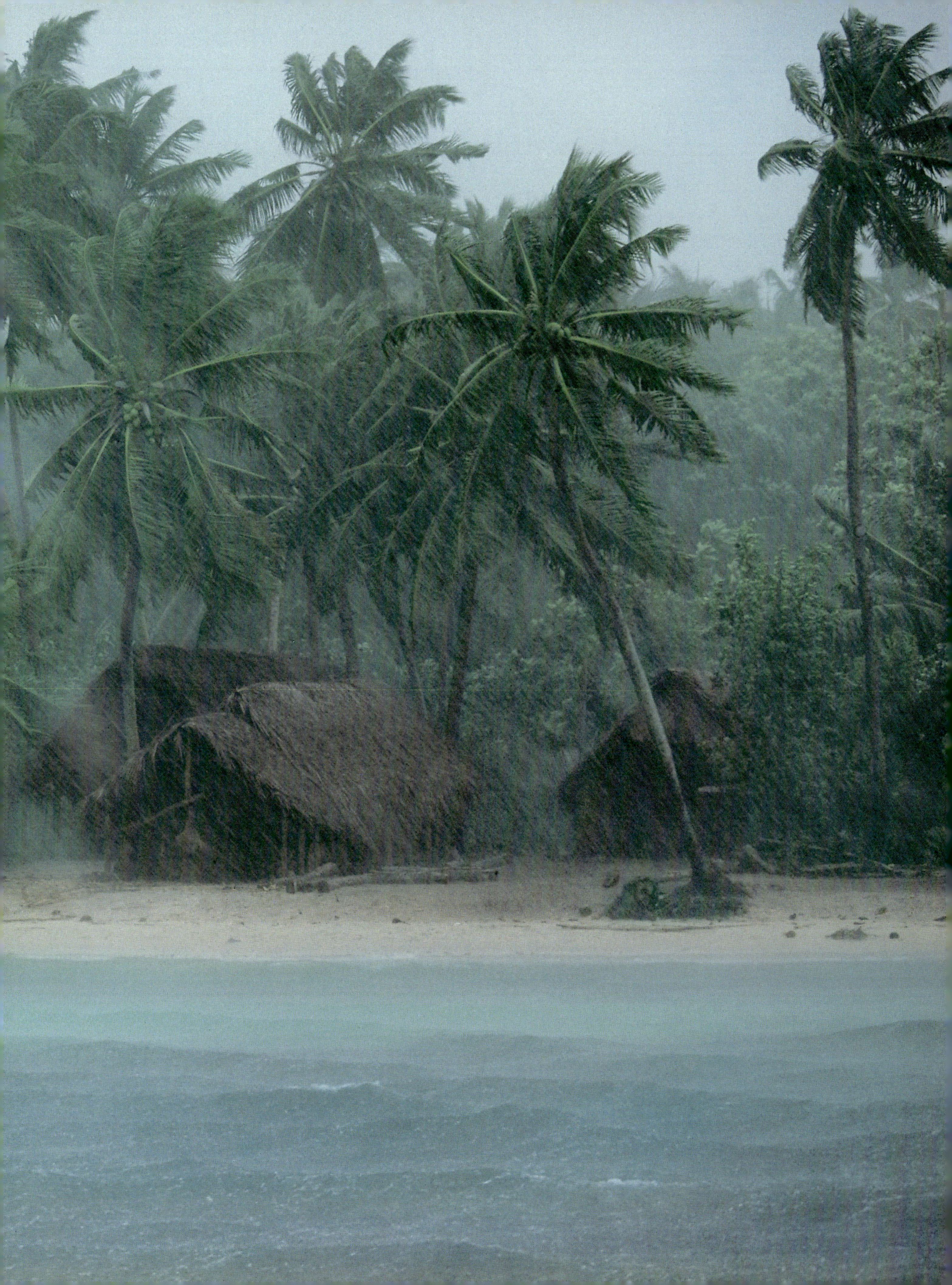

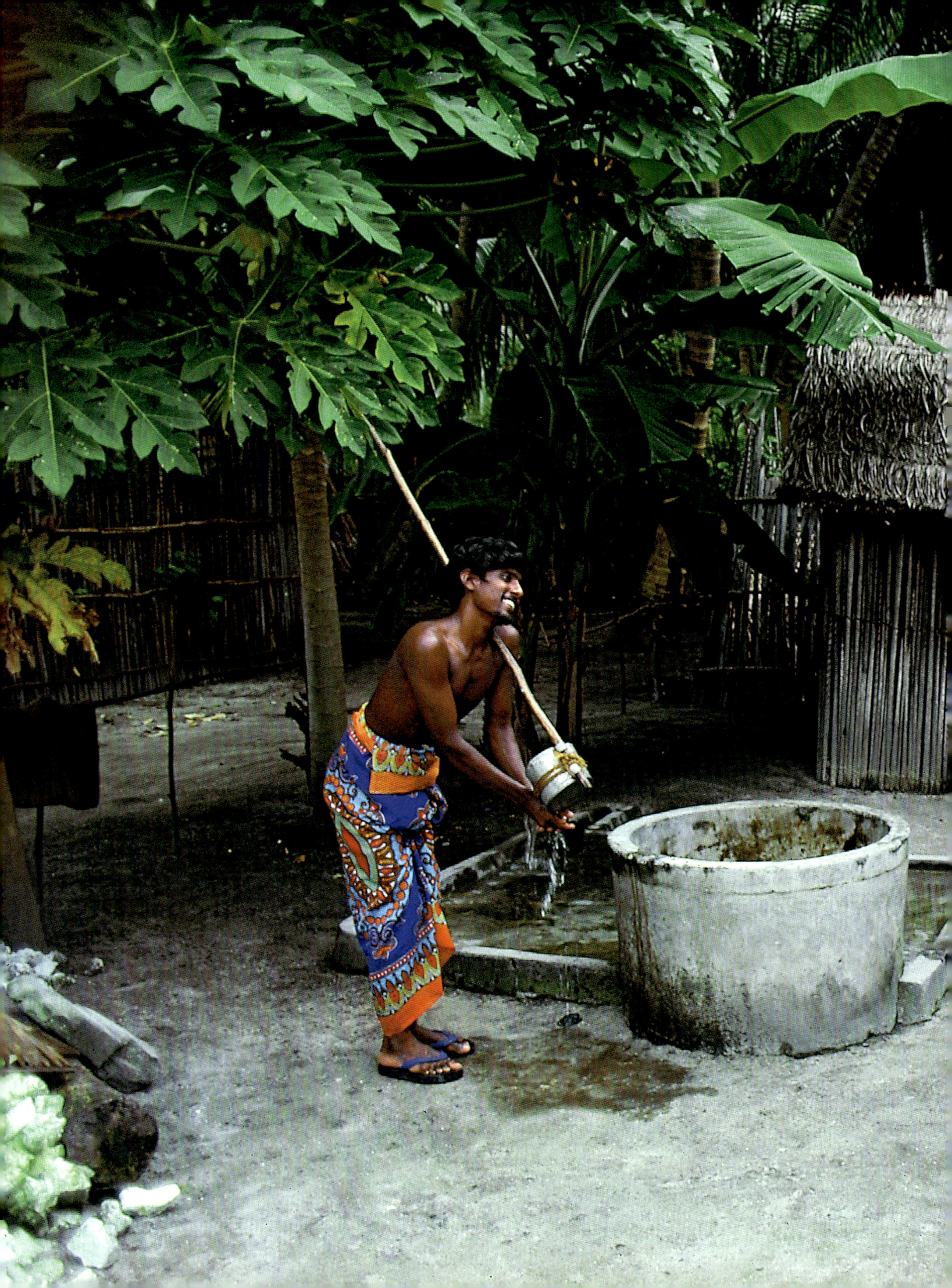

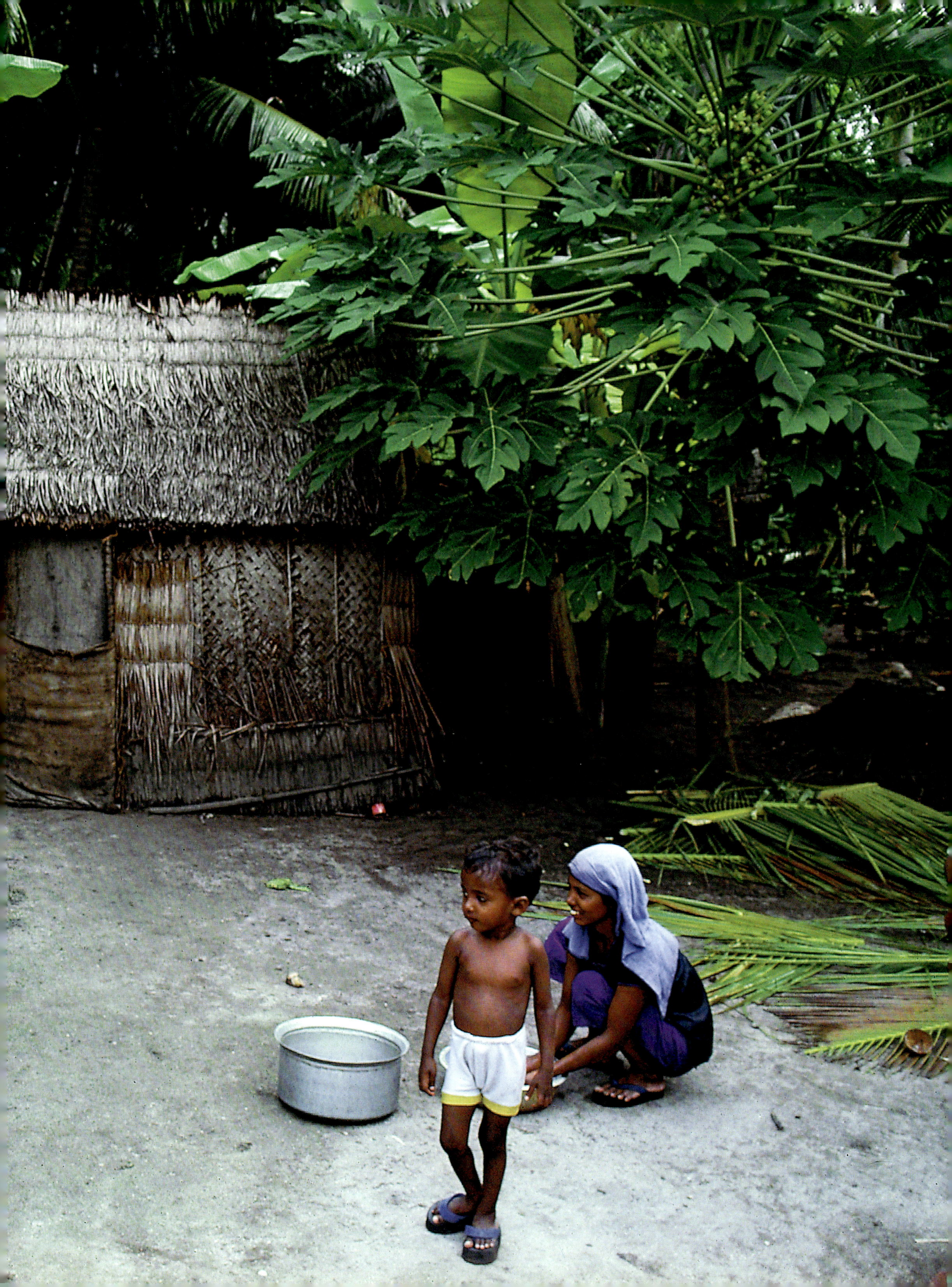

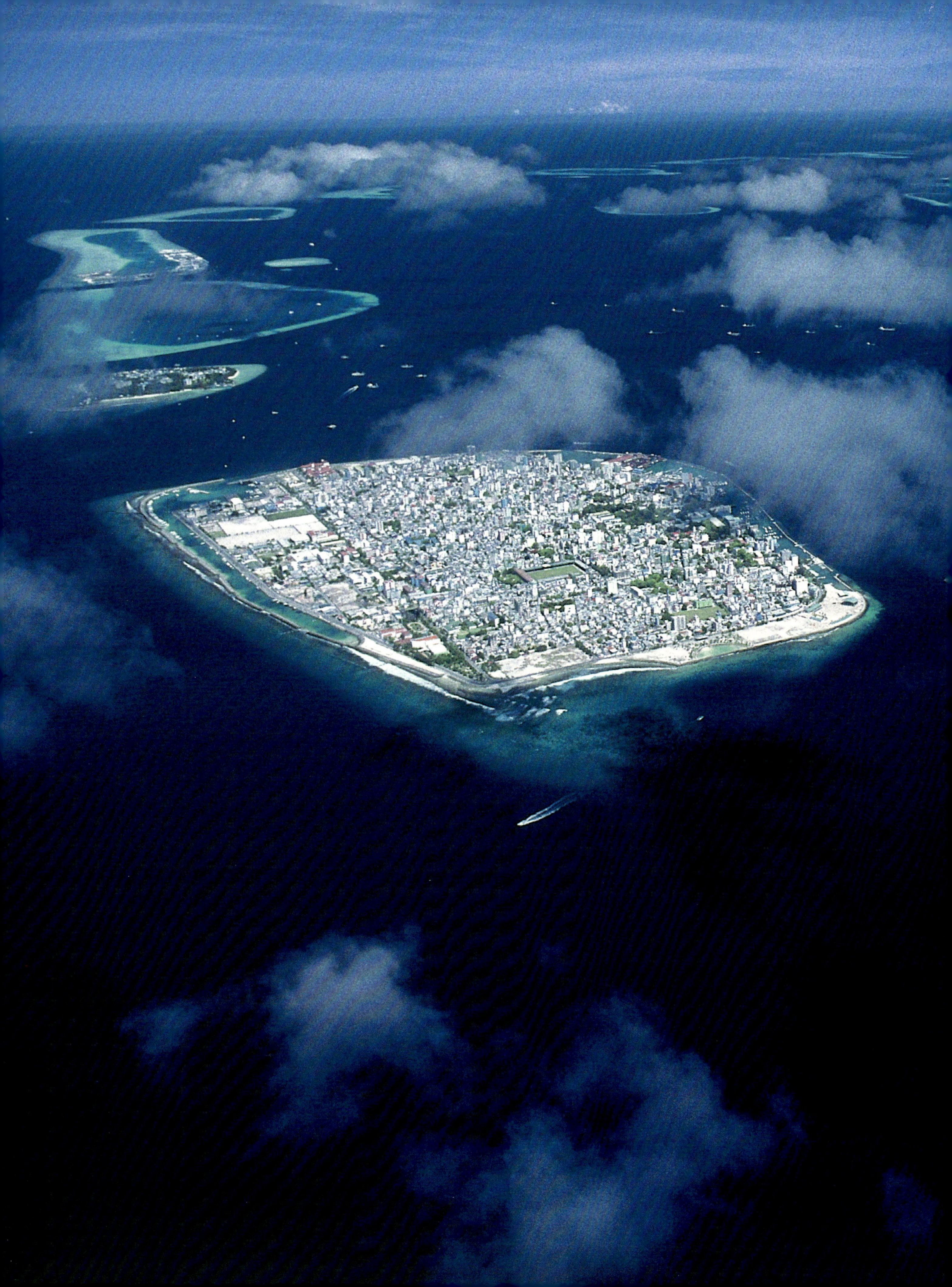

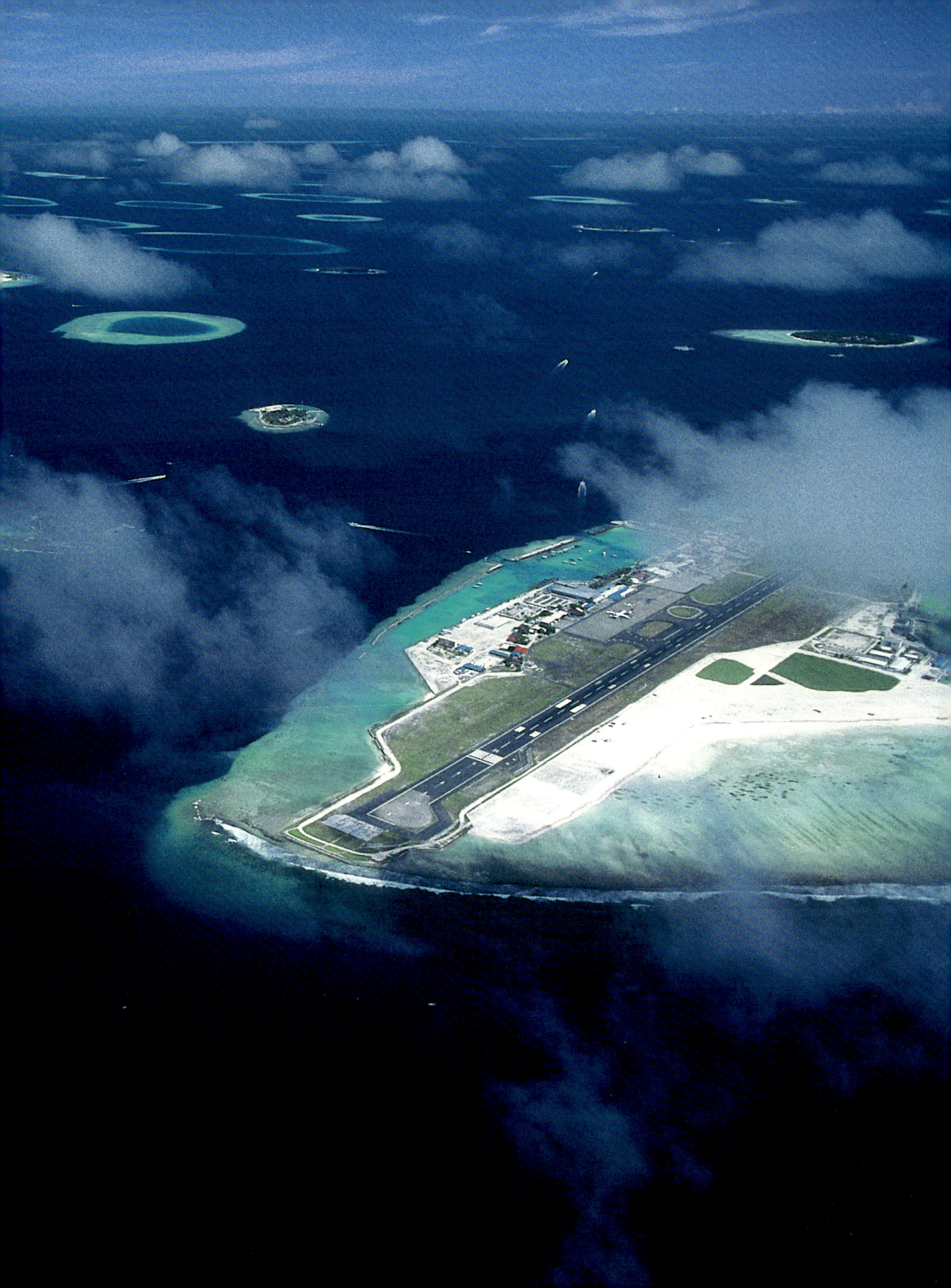

MALE HEUTE

Traditionelle Transportkarre

Täglich frischer Fisch

Die große Moschee von Male

Zigarettenpause vor dem Fischmarkt

Kolonialwaren - Alles was die Inseln brauchen

Frischer Fisch

Der zentrale Fischmarkt von Male

Festmachen für die Nacht

Boduthakurufaanu Magu, der Marine Drive . An der Presidentenjetty ist der Verkehrsknotenpunkt von Male zur Verbindung mit den anderen Inseln

Zentralmarkt Male

Moderner Lieferservice

Baumaterial für die Inseln

Grundnahrungsmittel - Thunfisch

MALE 1973

Insel Bandos - die ersten Kellner

Flughafeninsel Hulule - der erste Runway

International Airport für Propellerrmaschinen aus Colombo

Serviceteam

Dhonihafen in Male, der Inselmetropole und dem Wirtschaftszentrum der Malediven

Die Hauptstadt Male ohne Verkehrprobleme - Autos und Touristen sind noch eine Seltenheit

Male, das Zentrum der Malediven, vor seiner rasanten Entwicklung

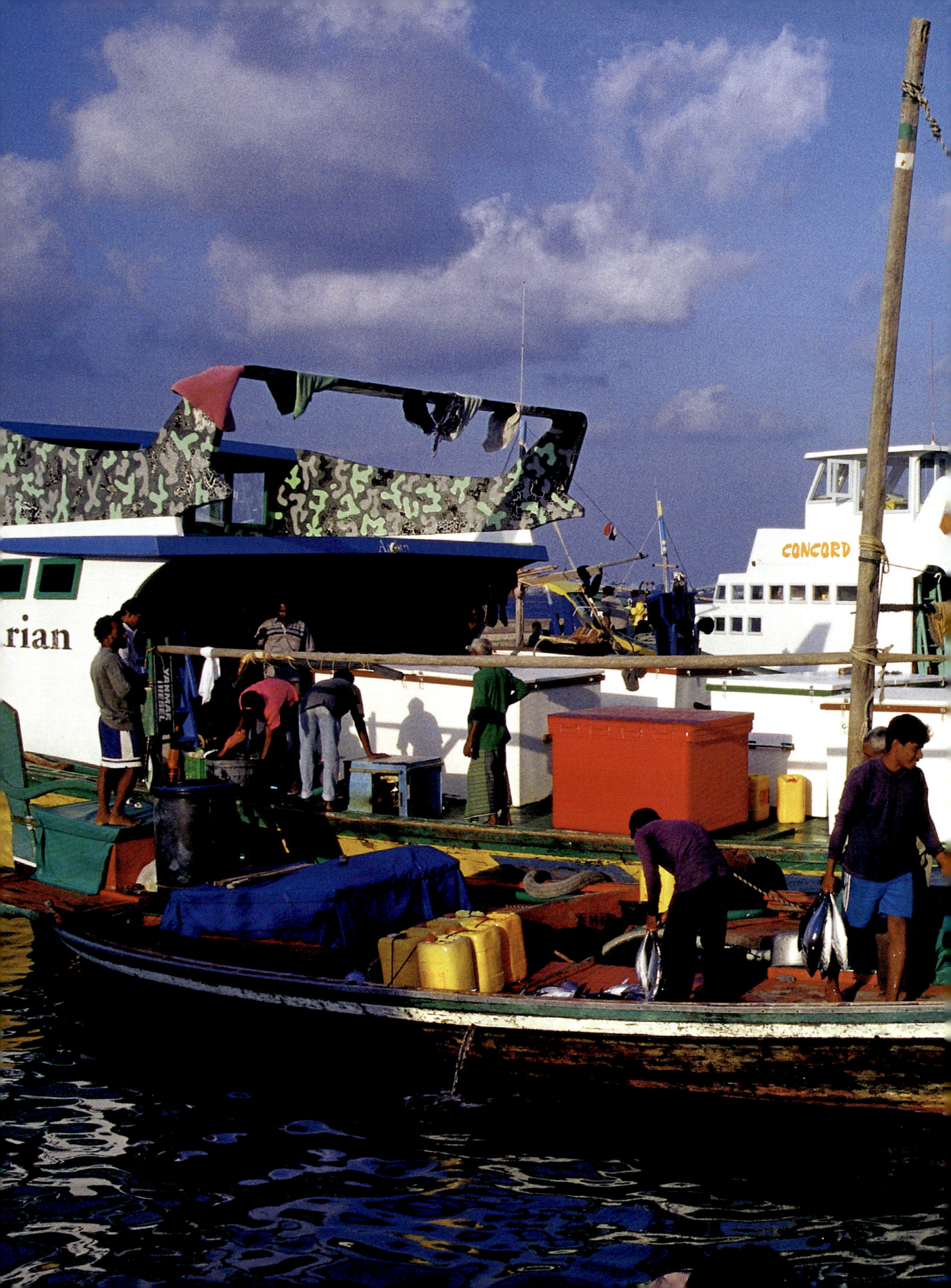
rian
CONCORD

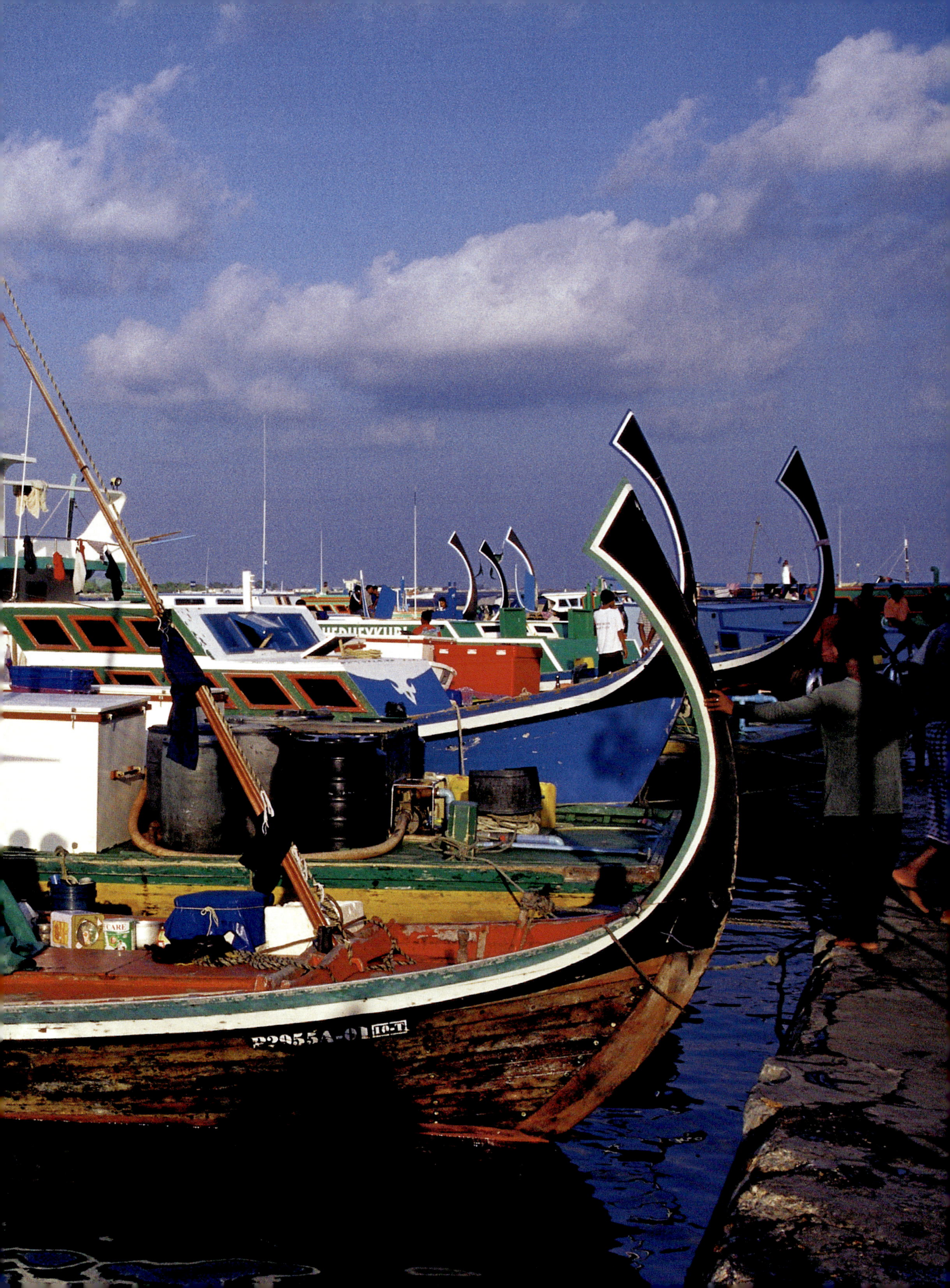

P2955A-01
10-T

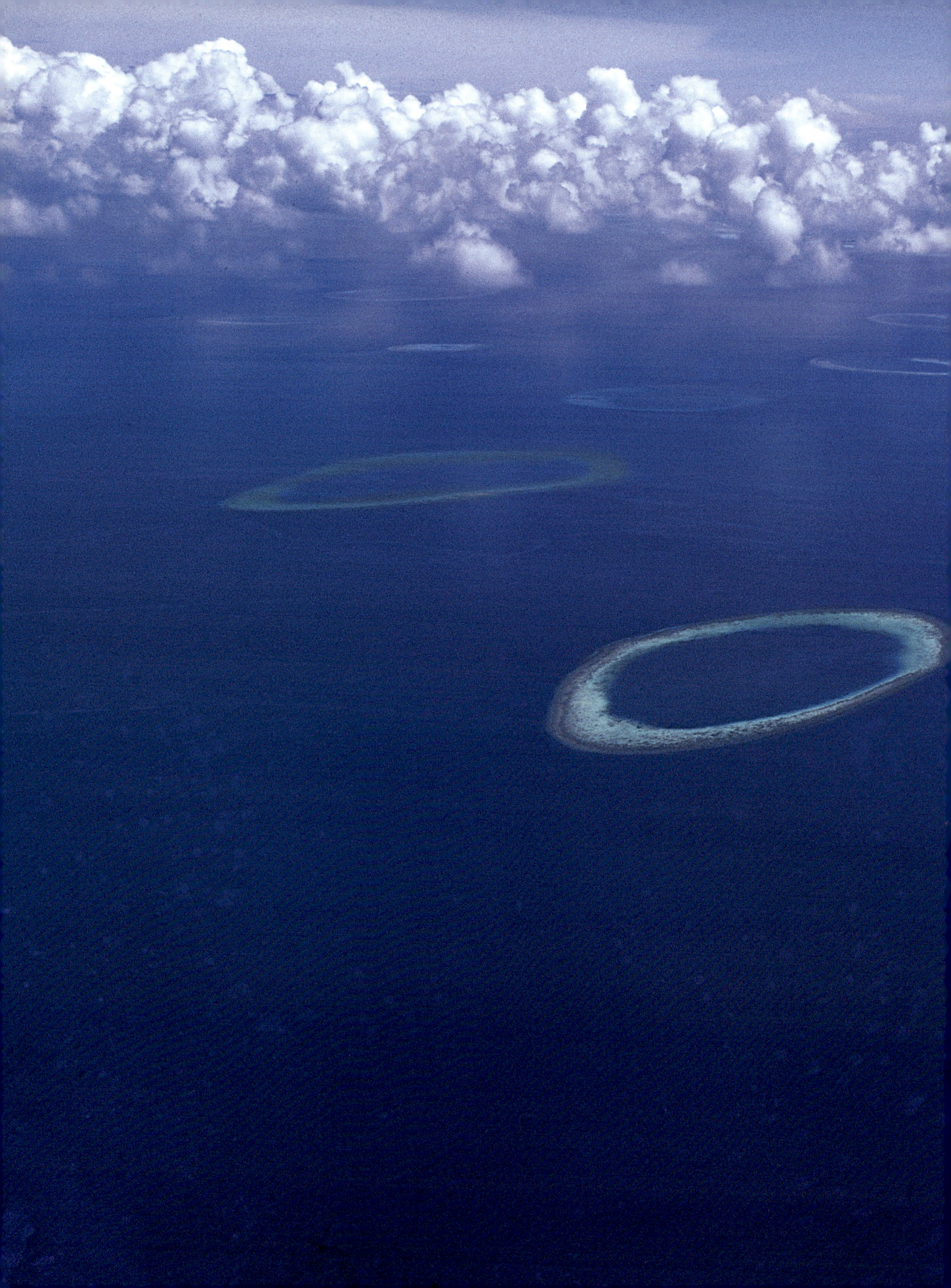

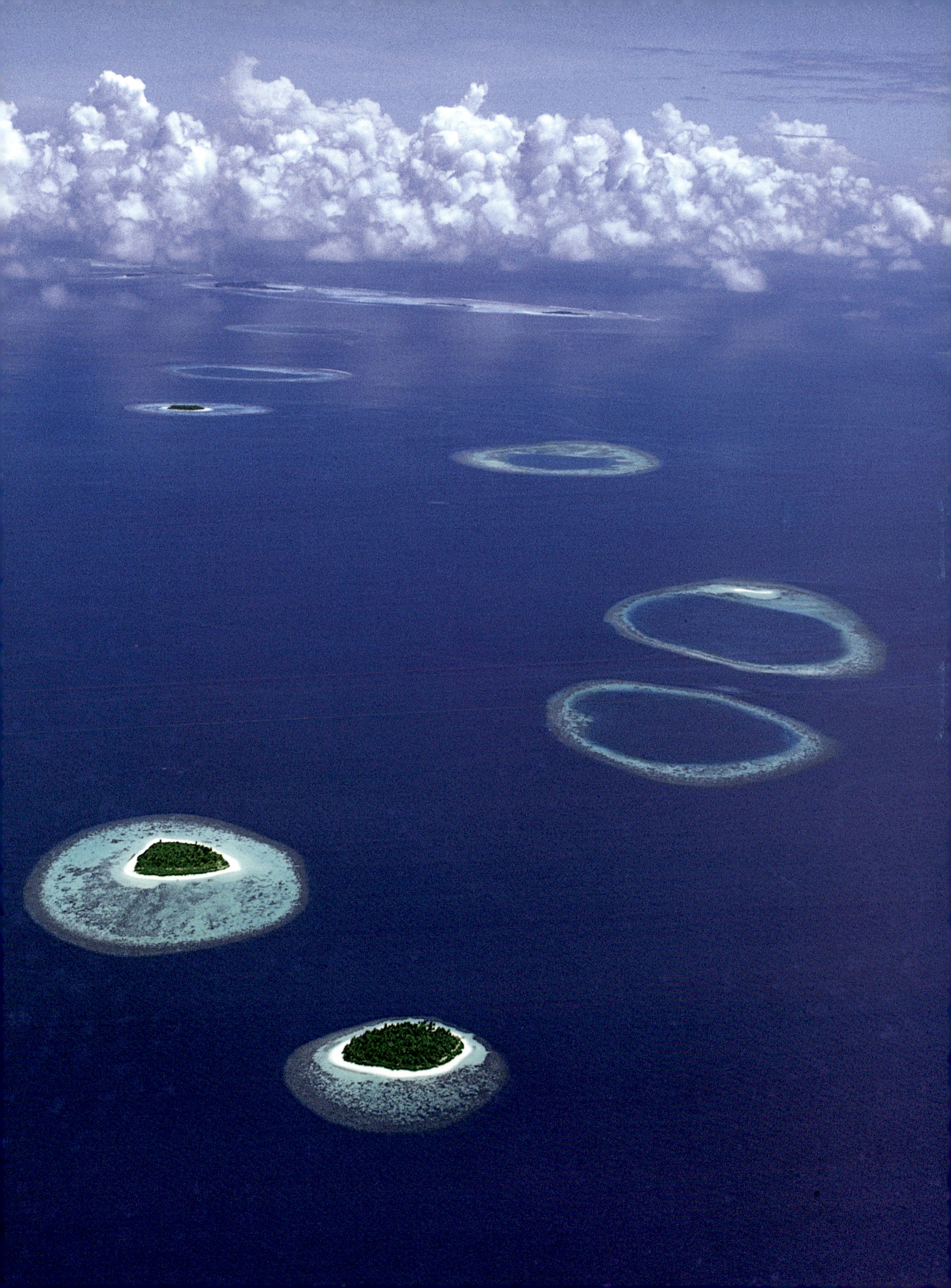

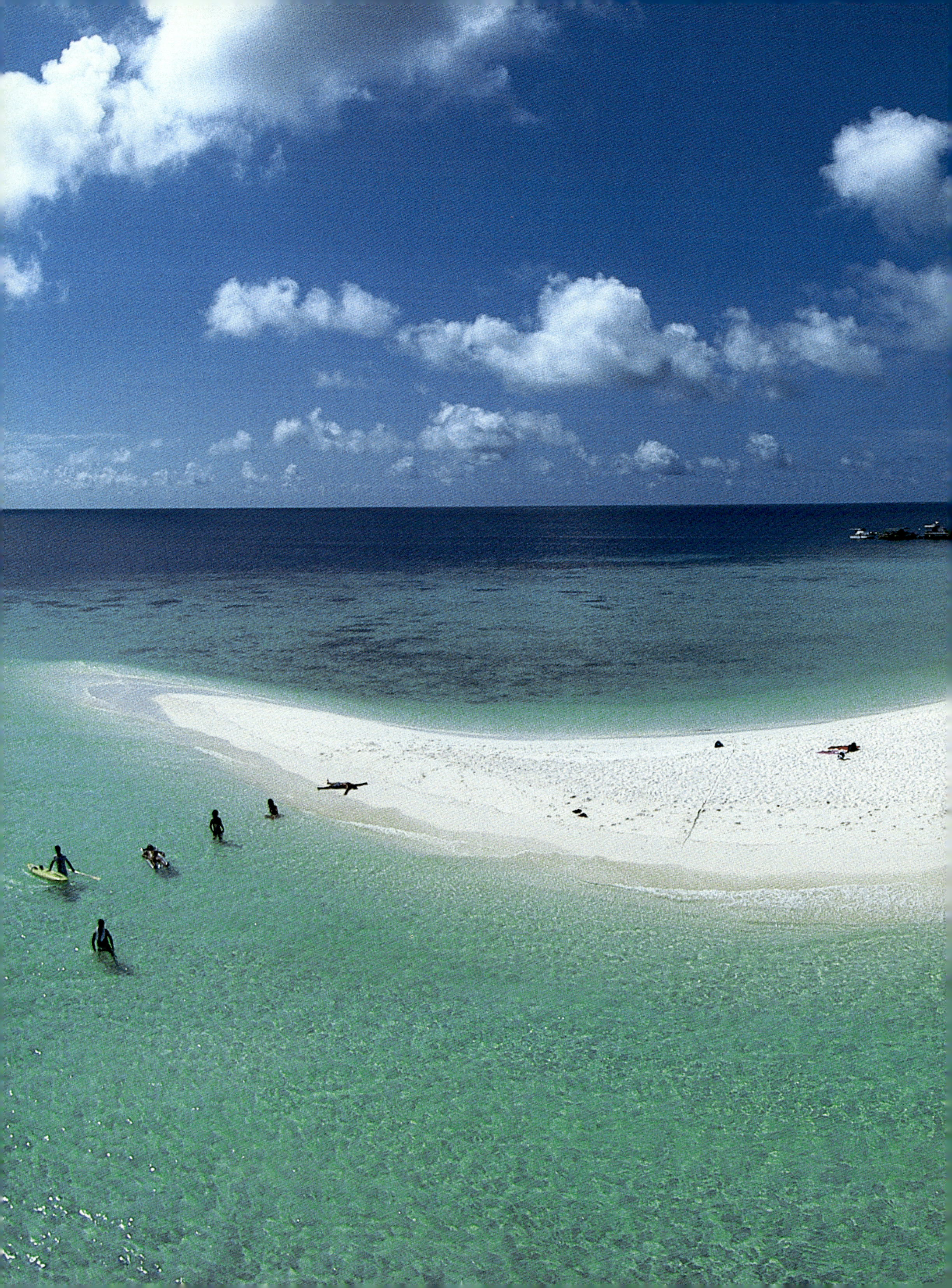

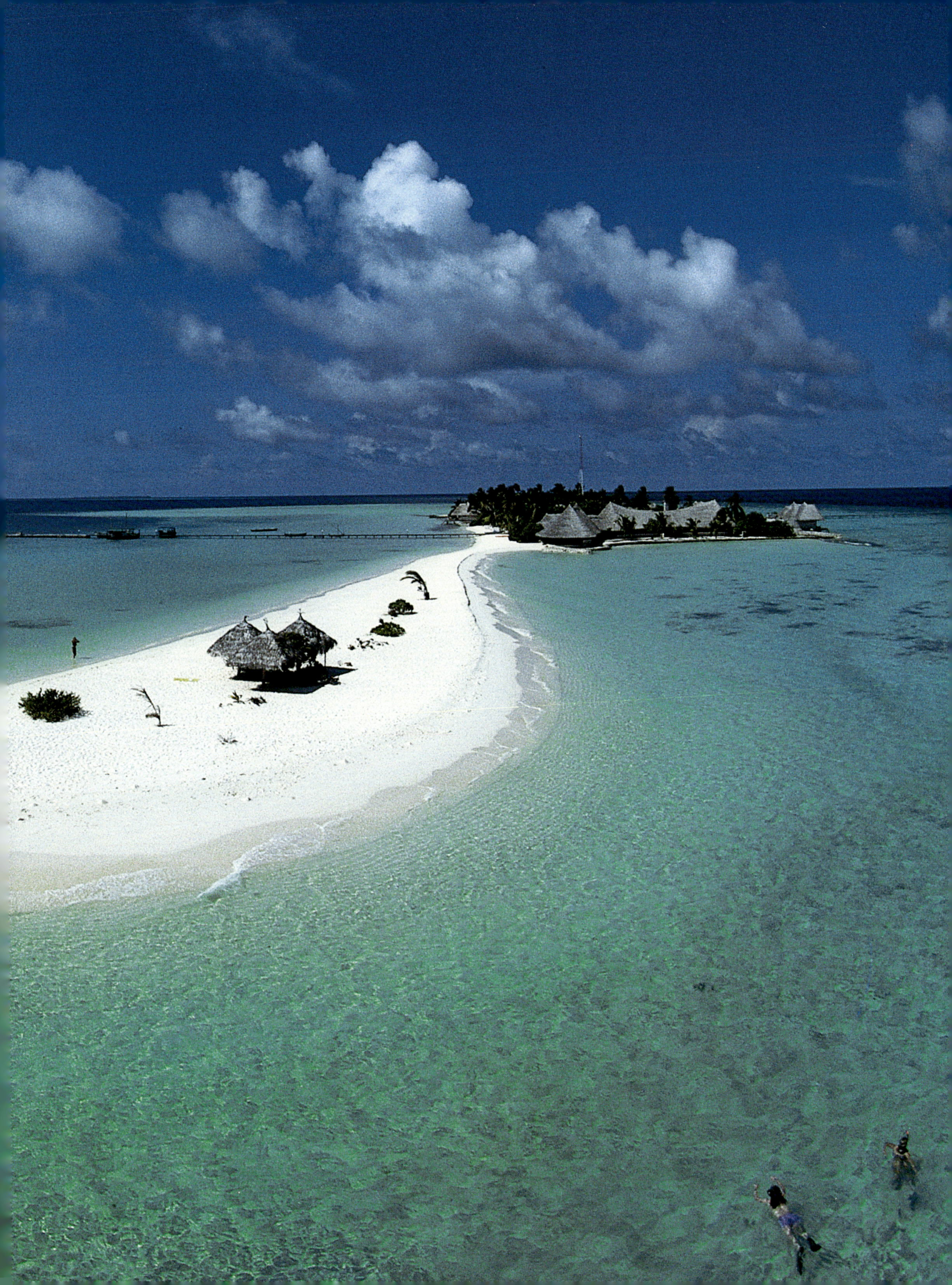

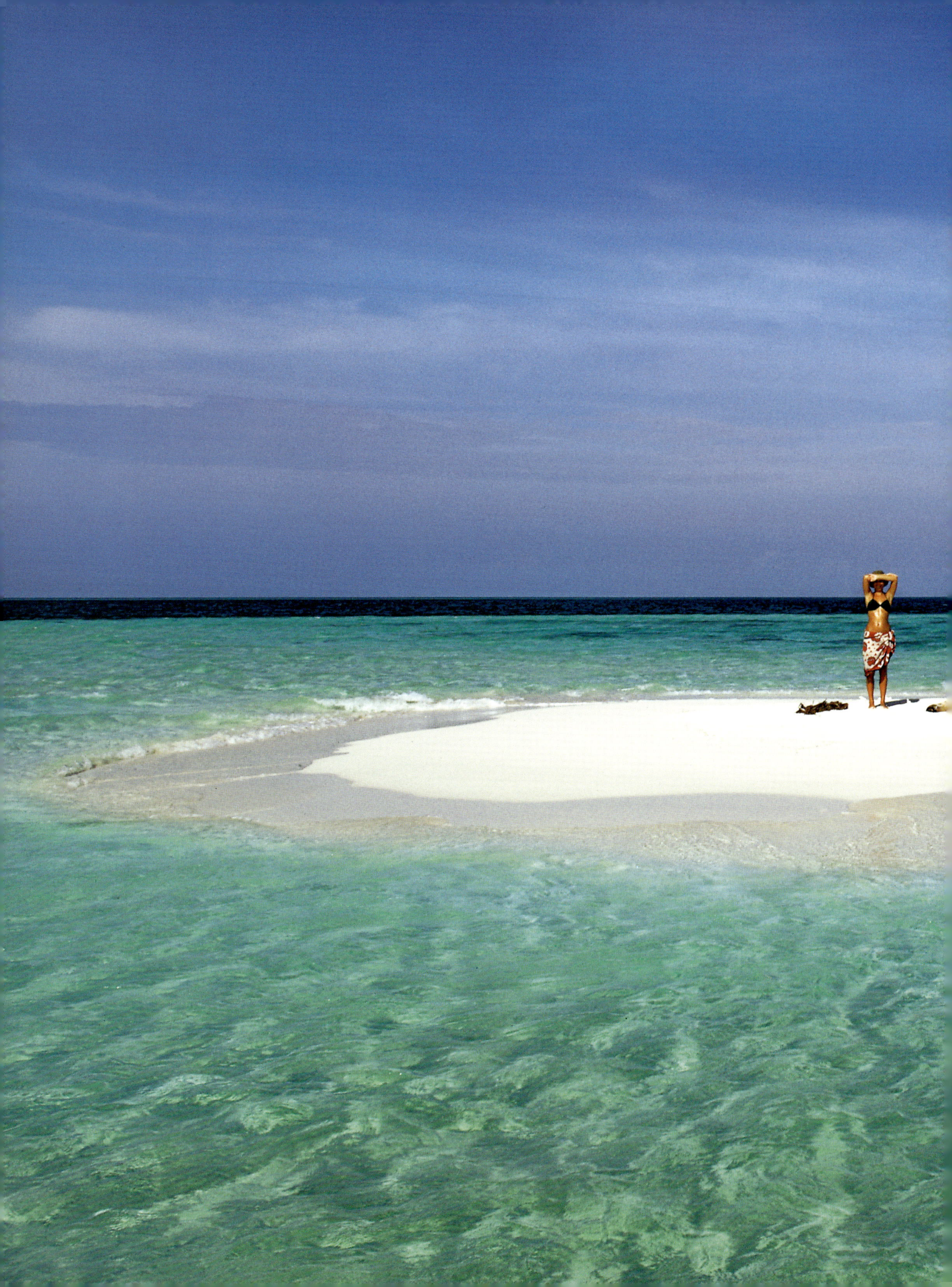

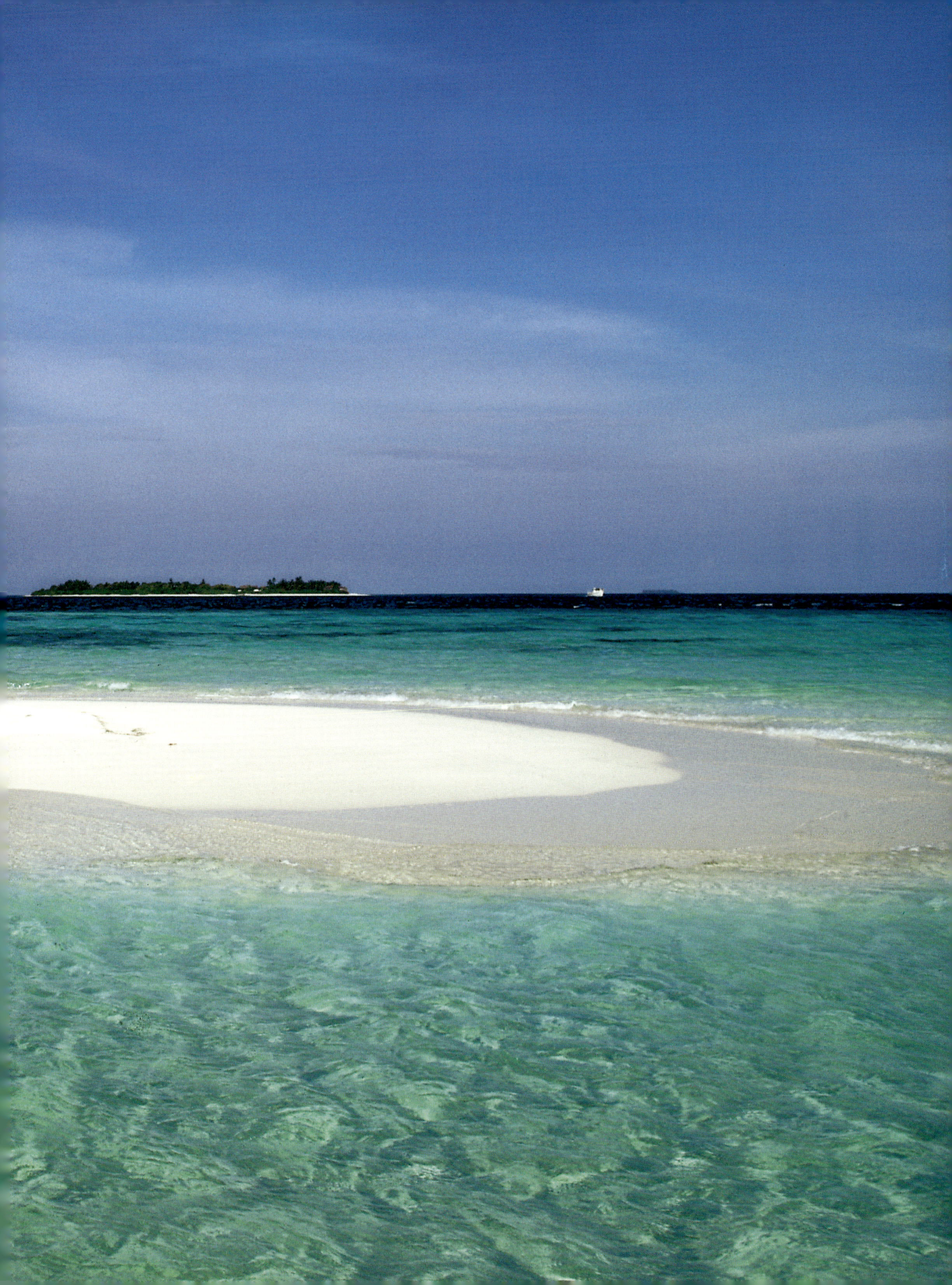

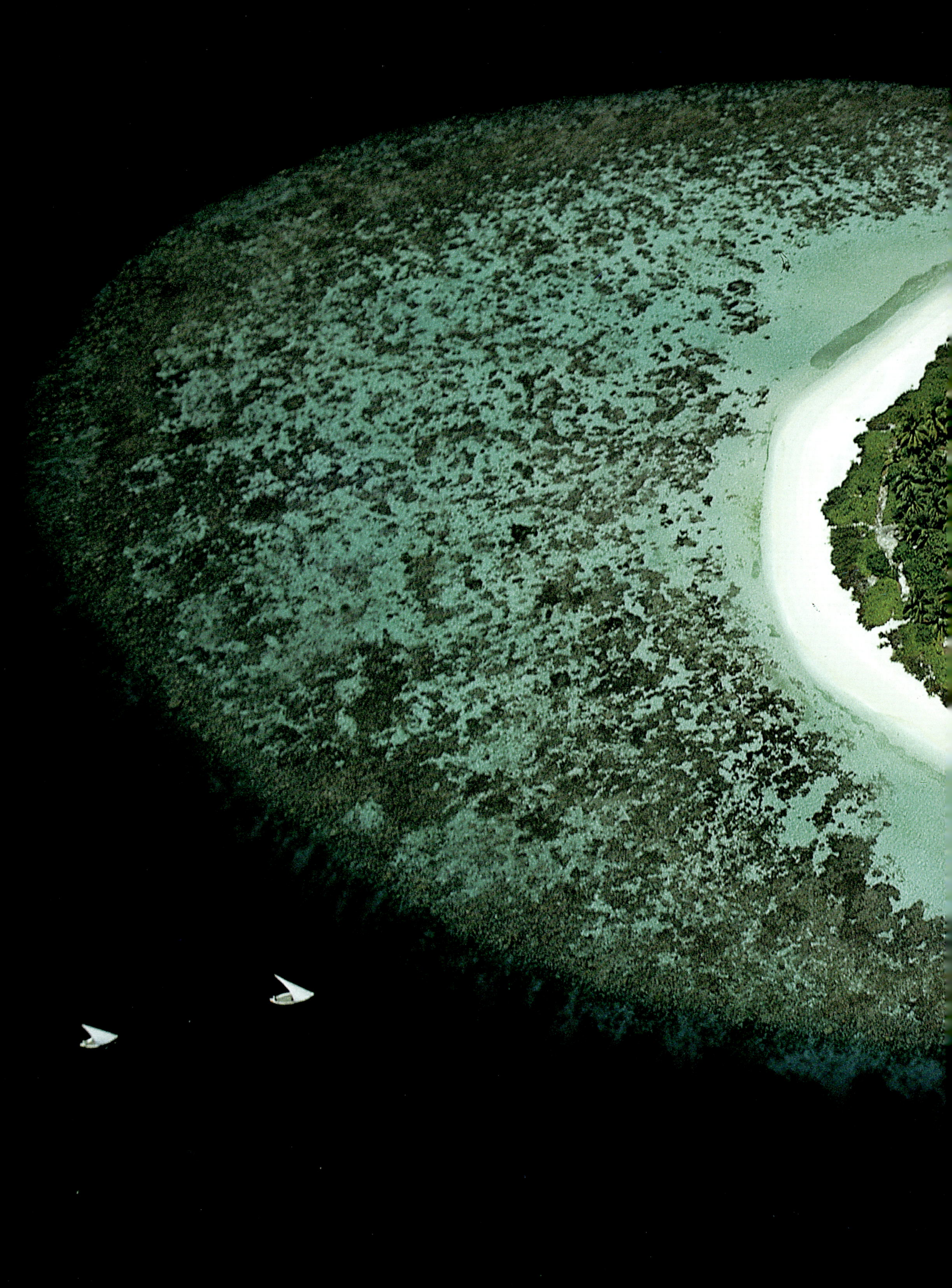

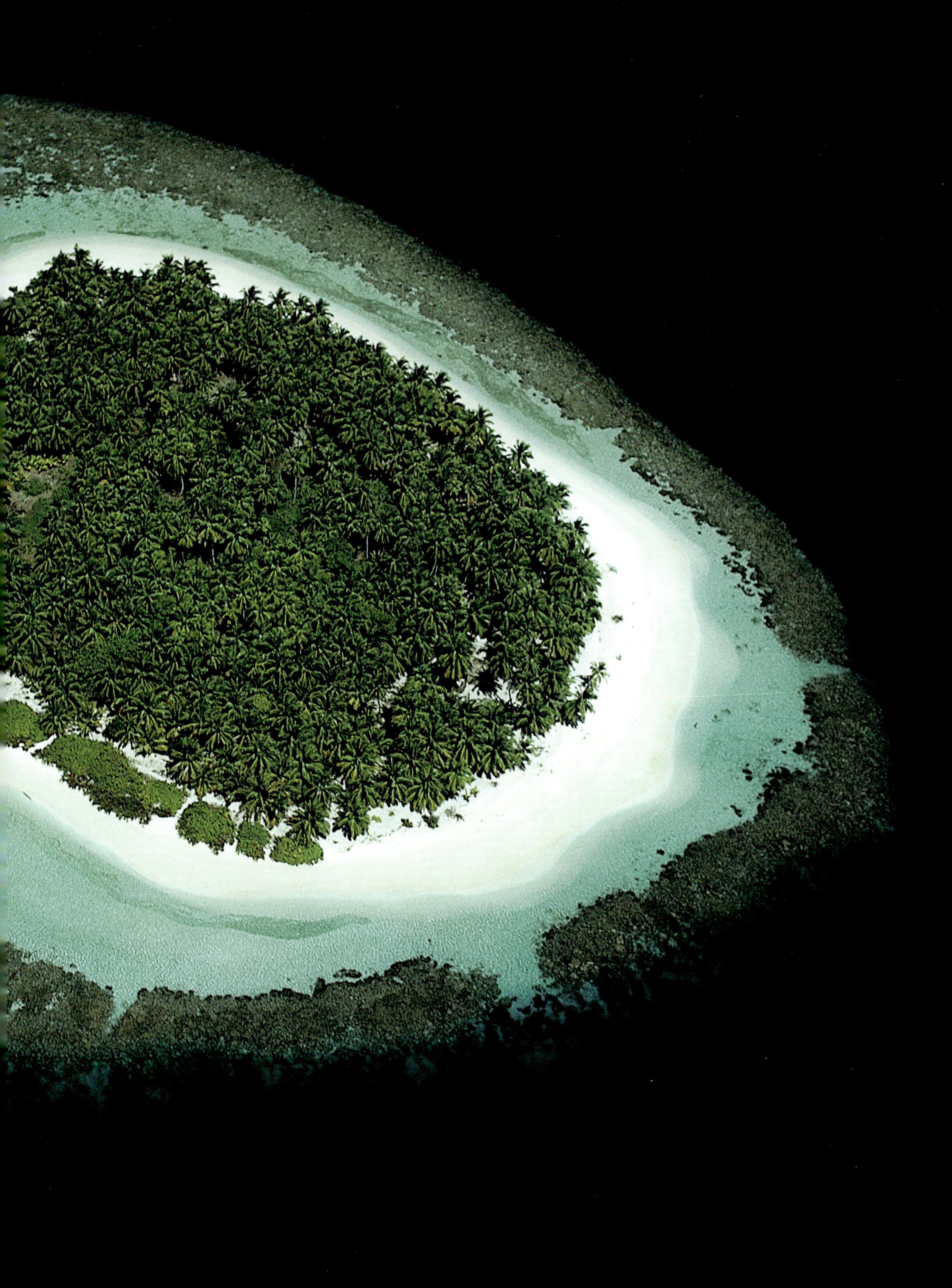

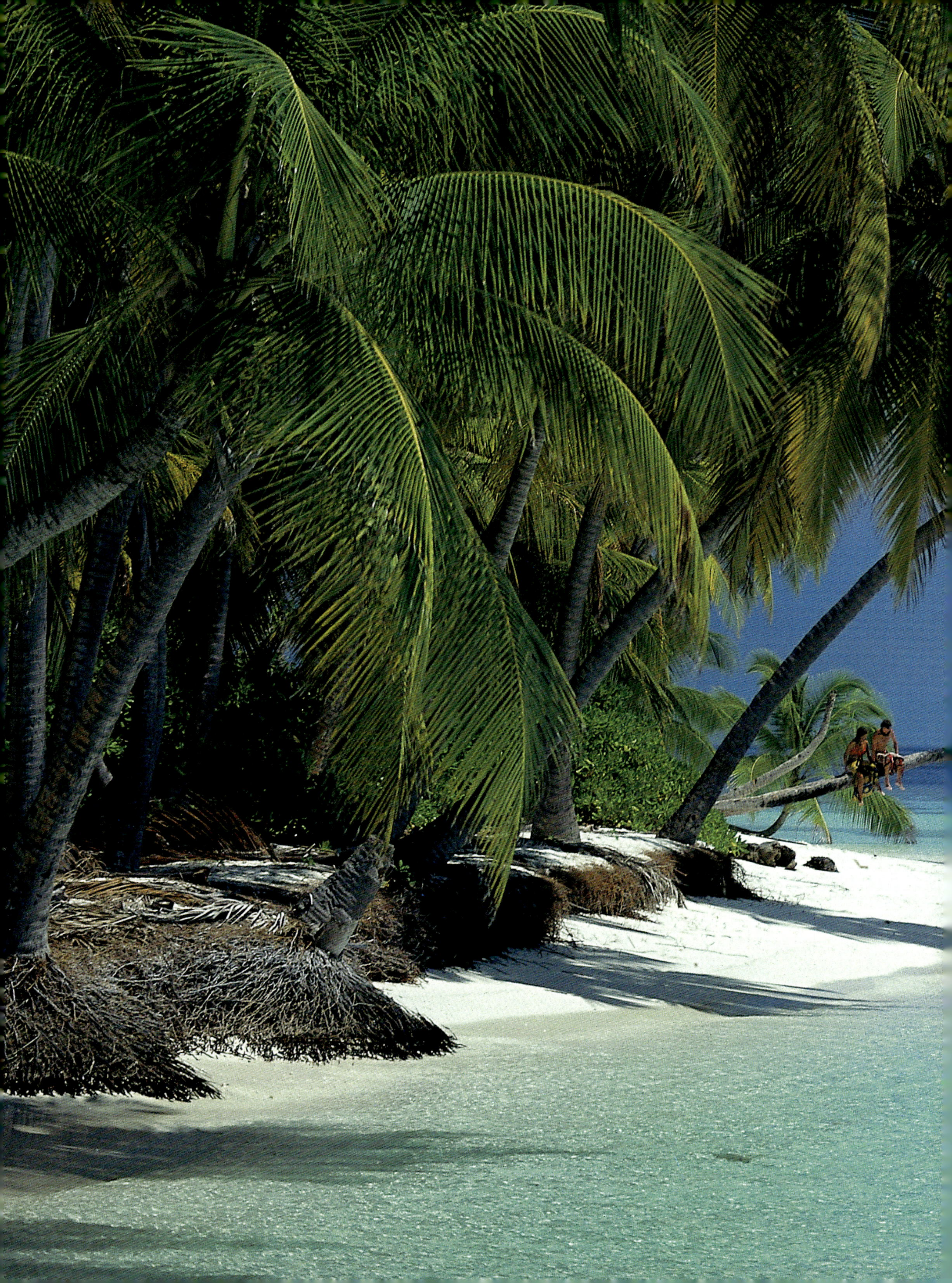

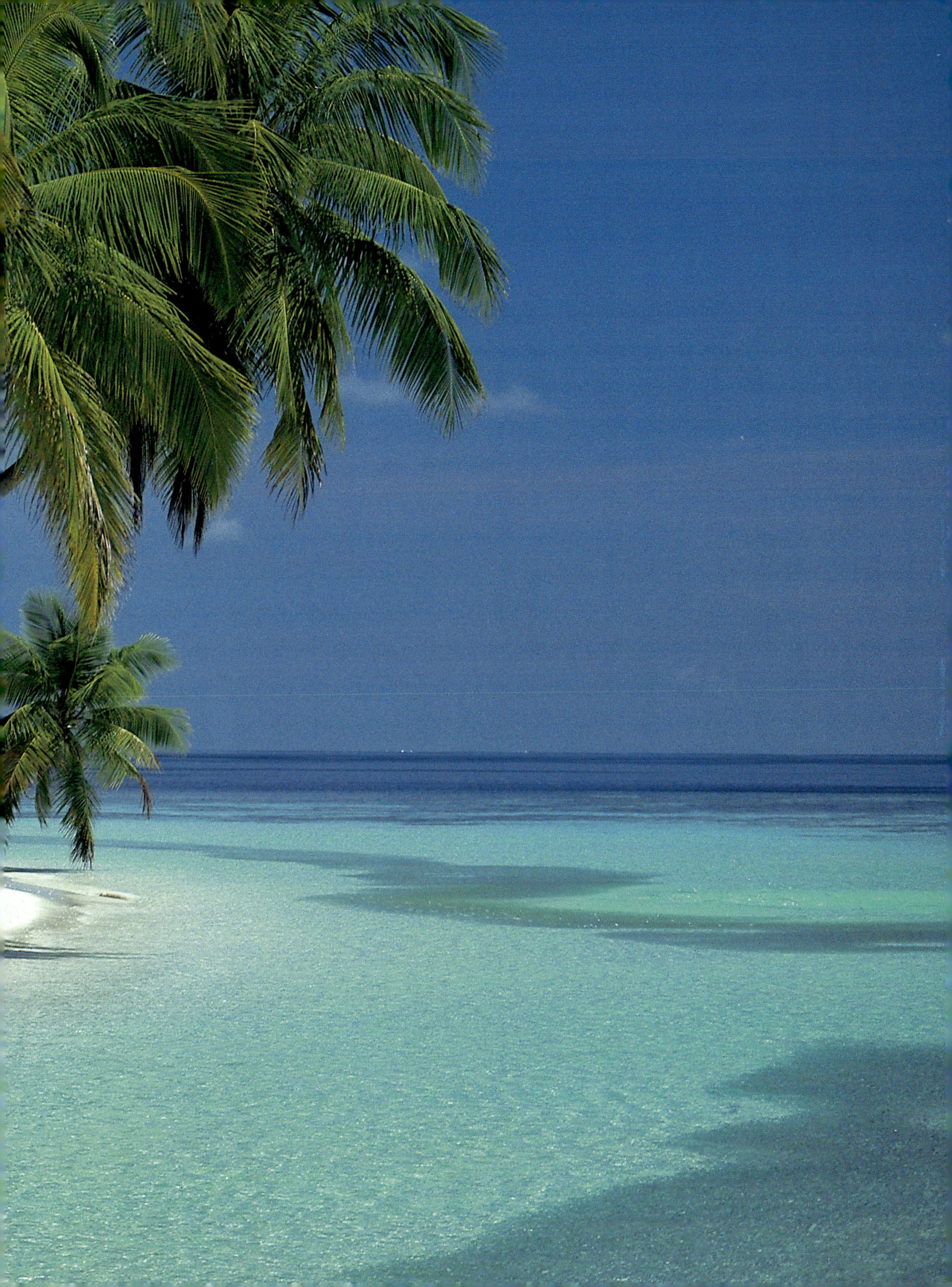

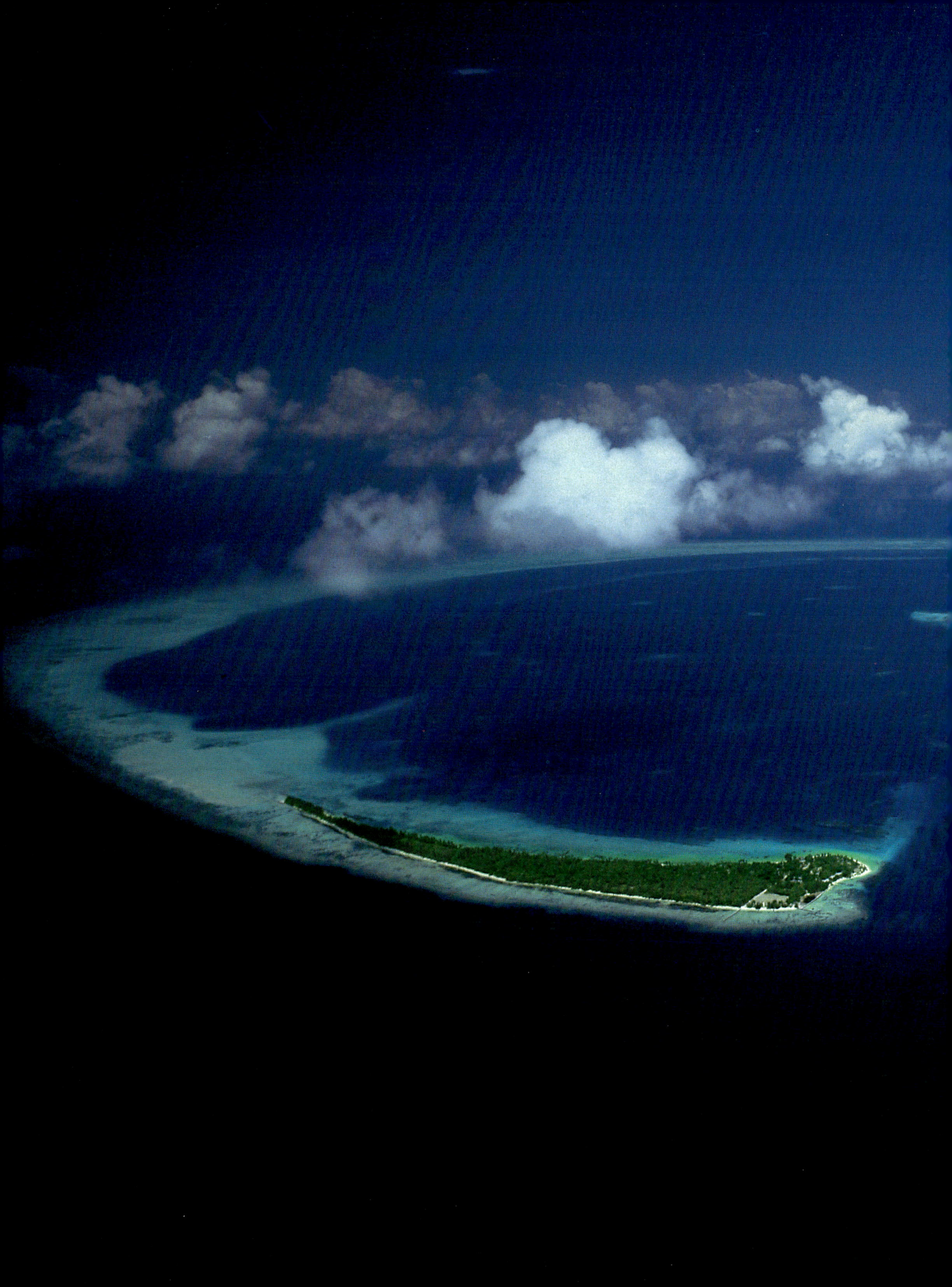

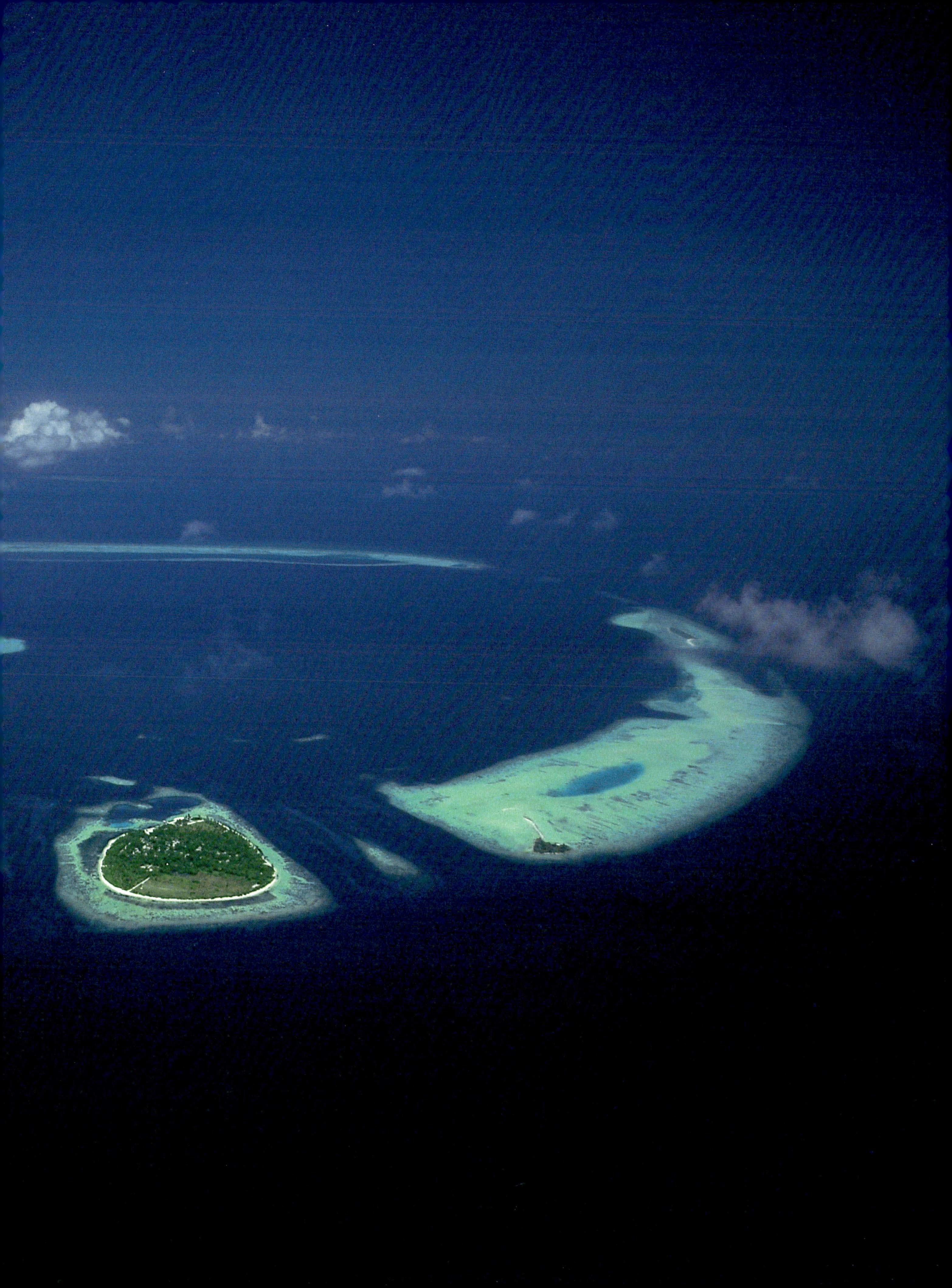

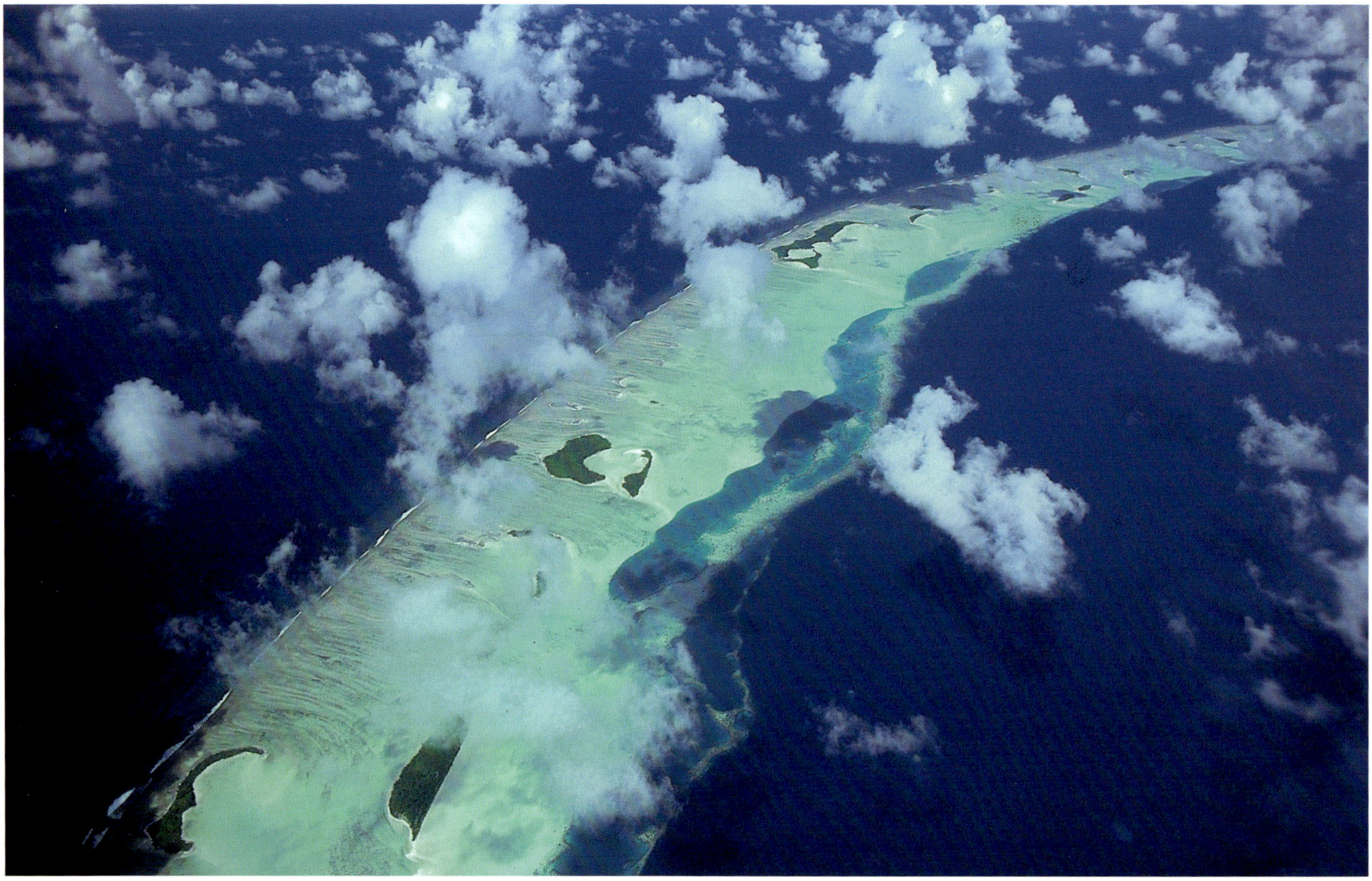

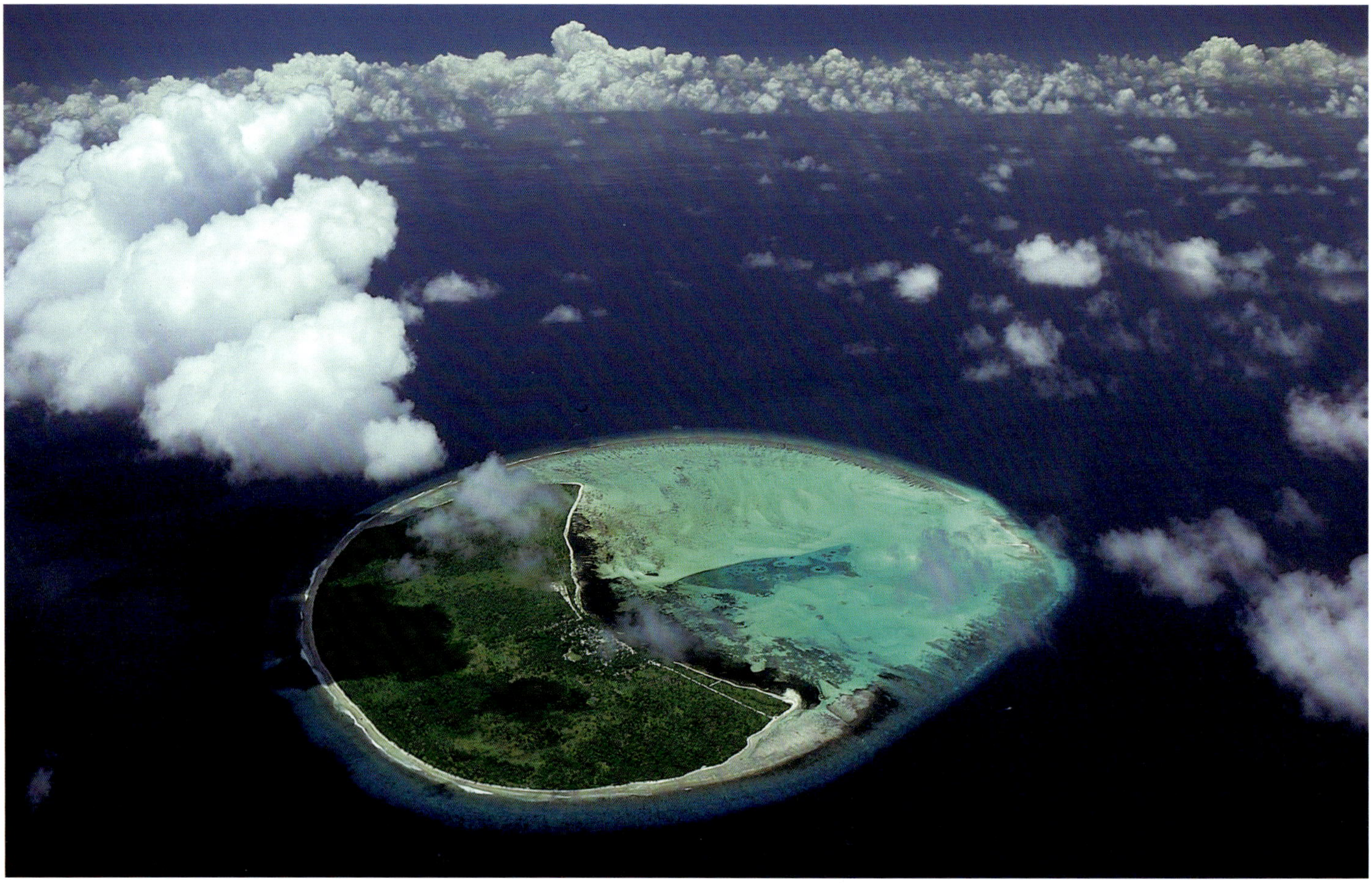

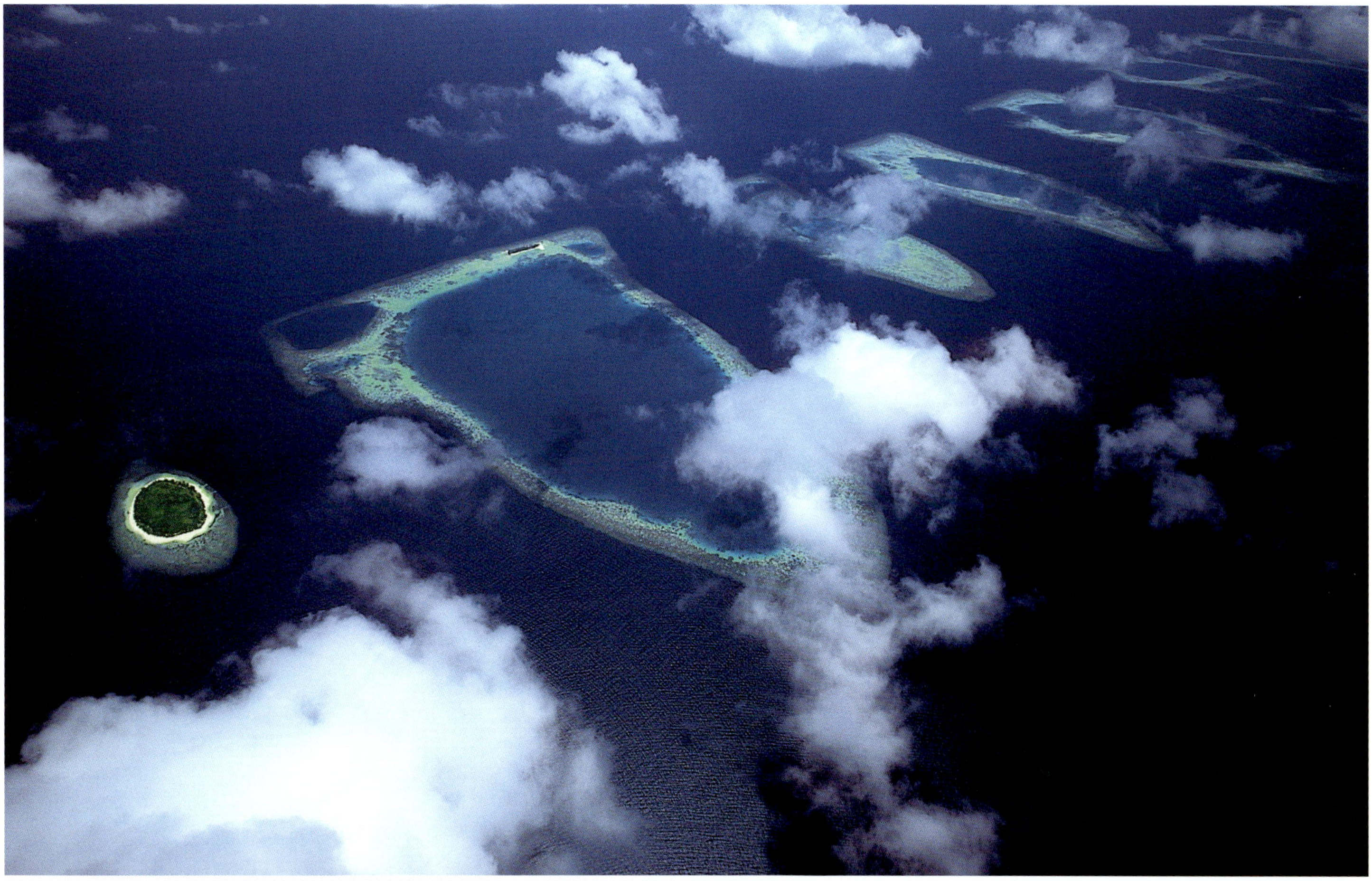

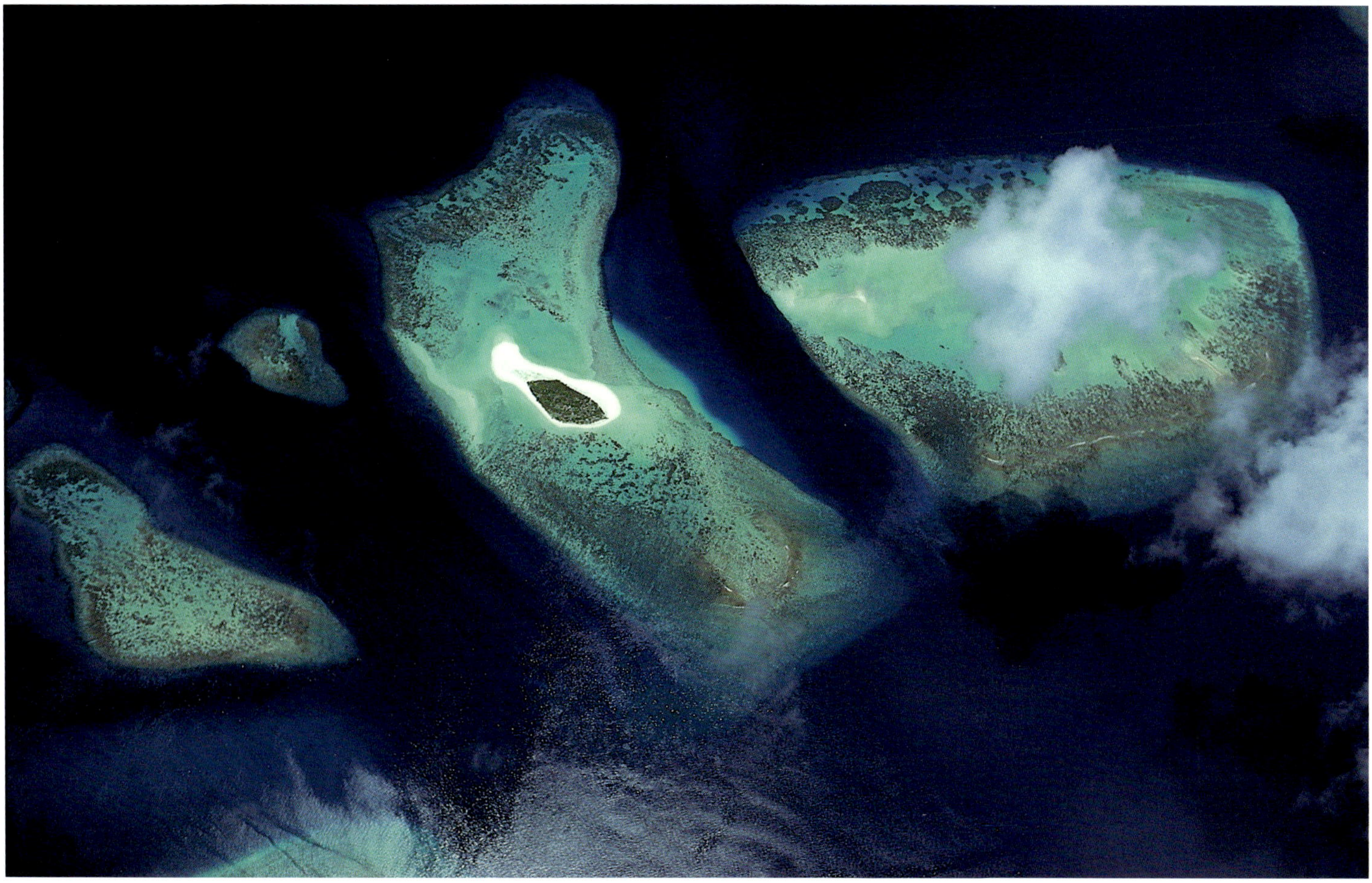

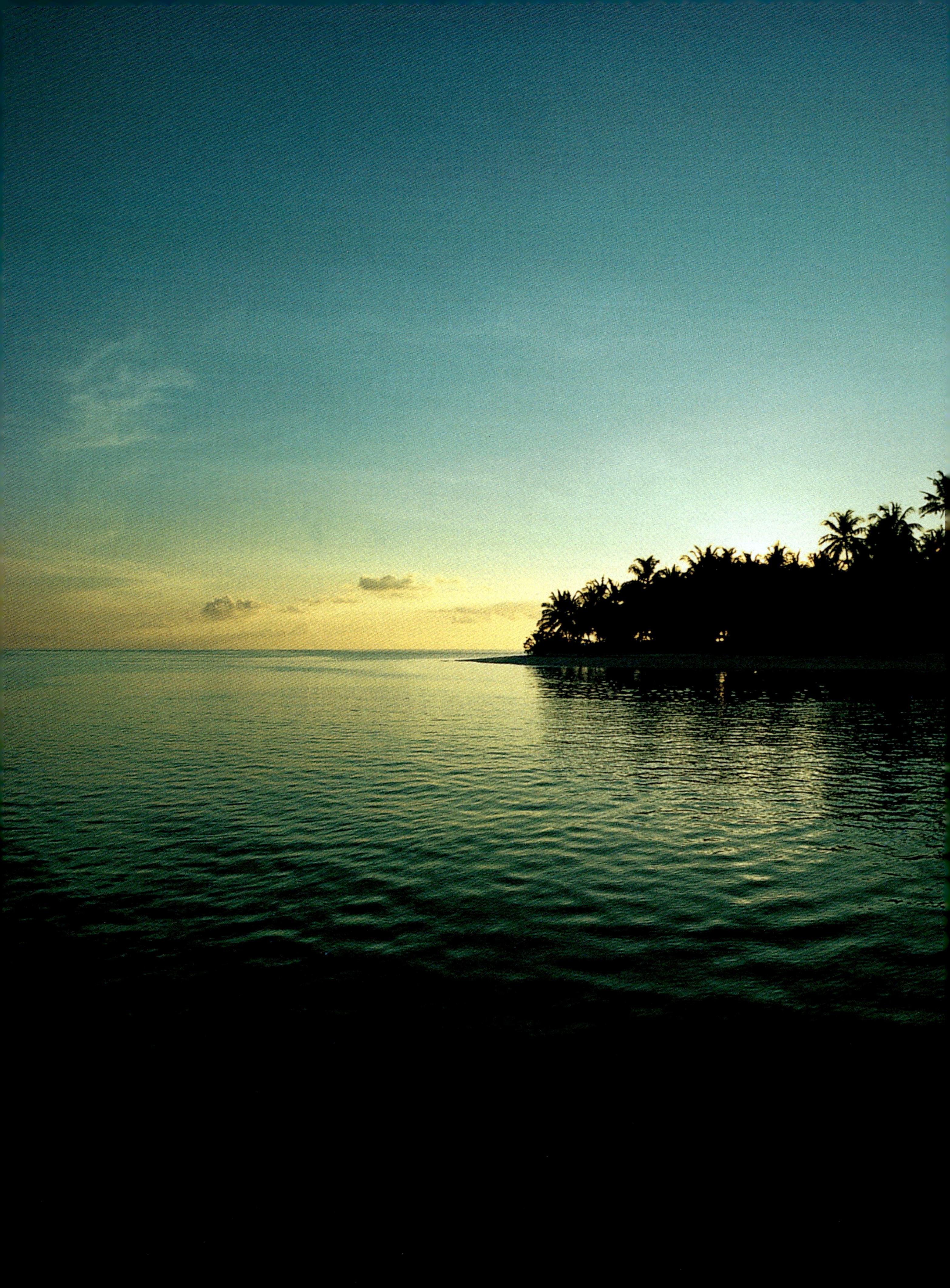

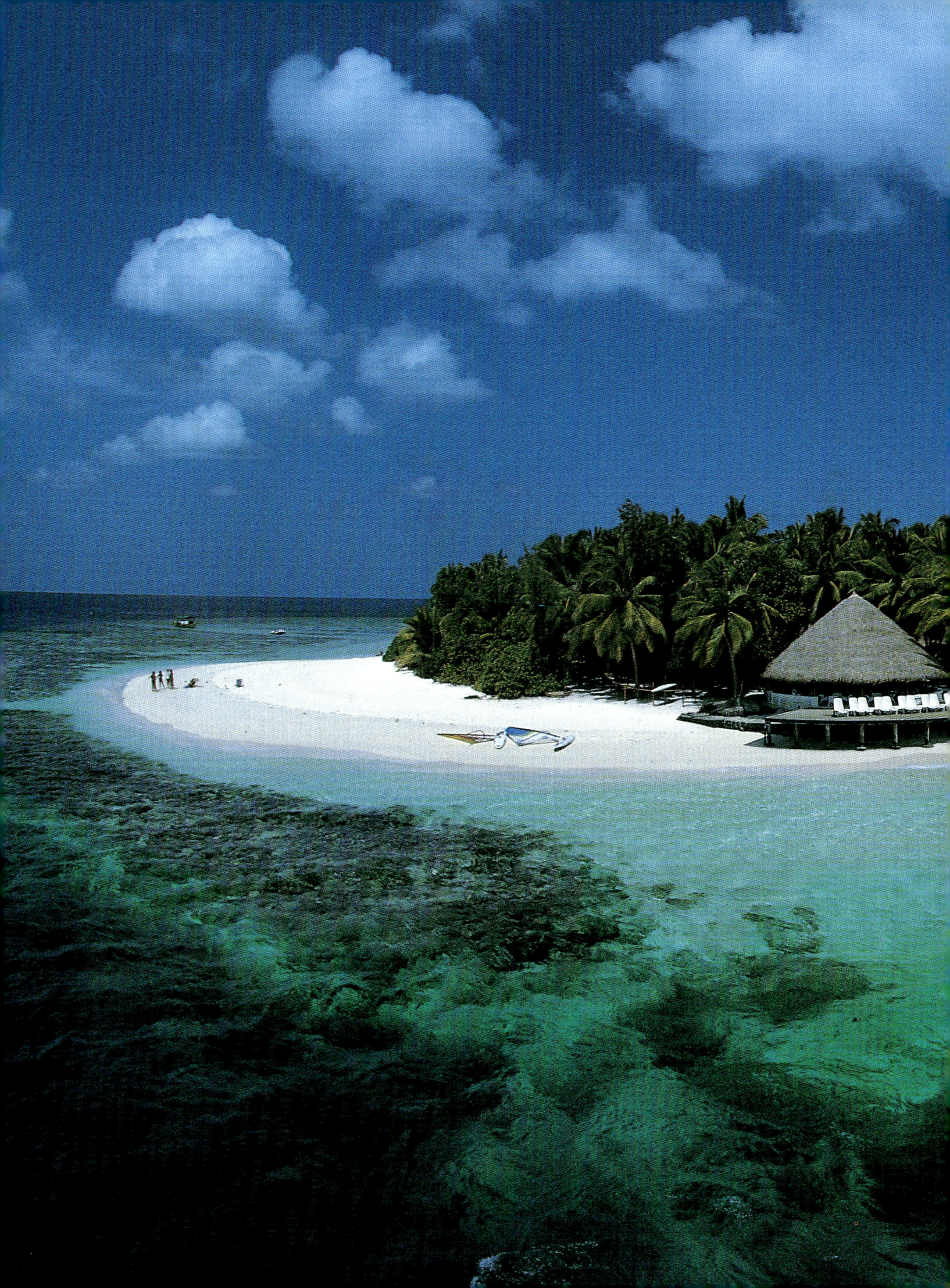

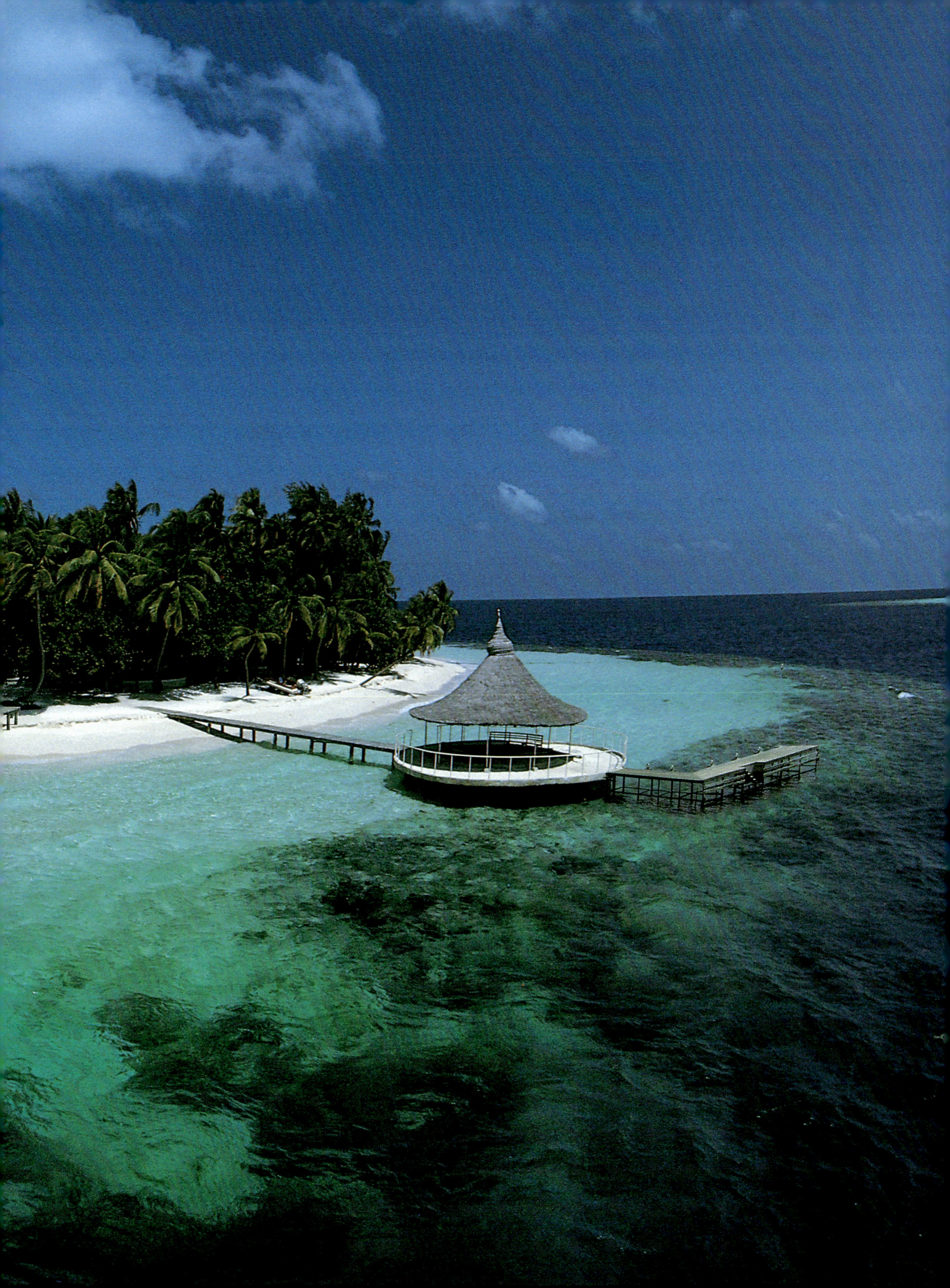

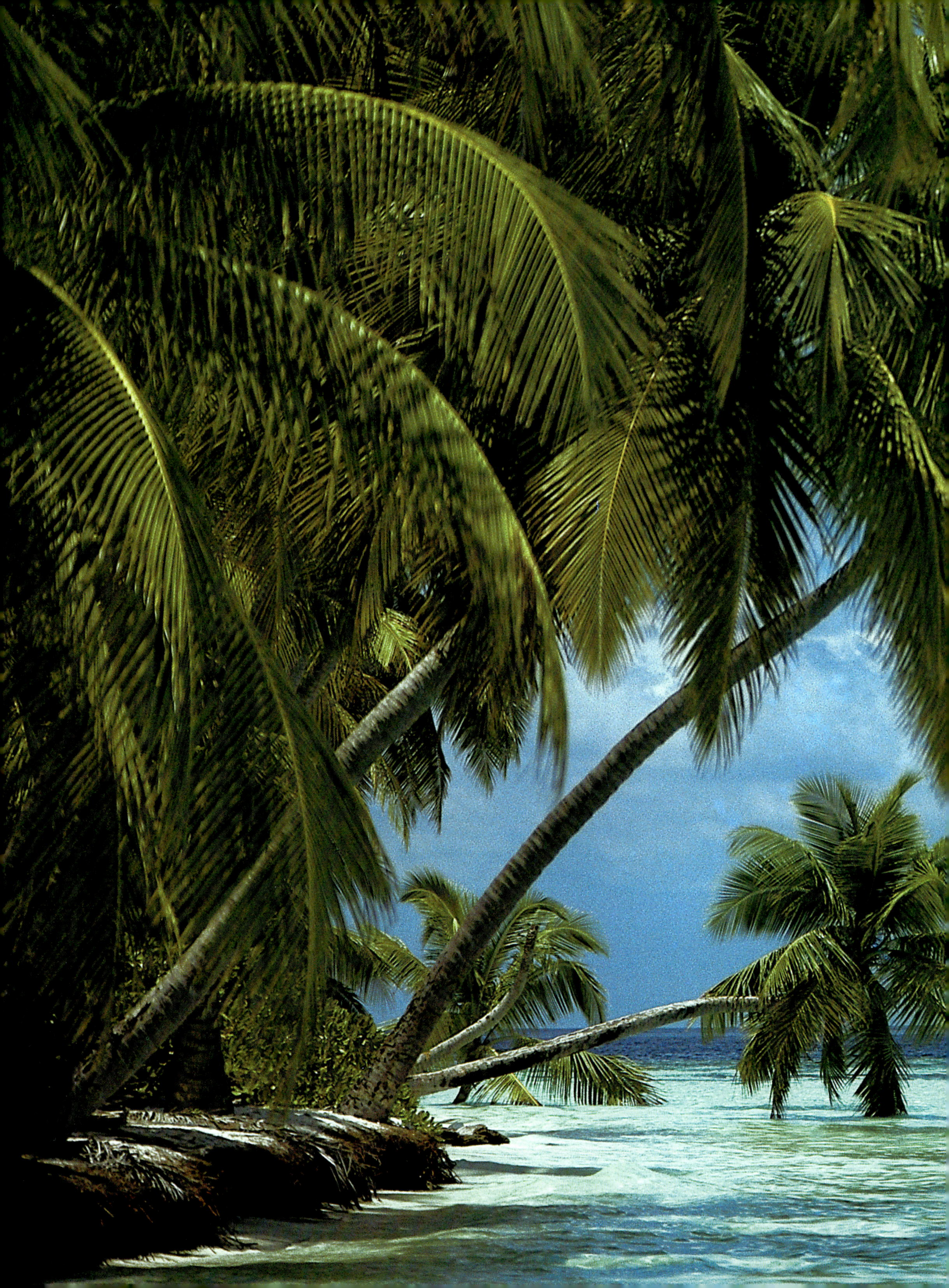

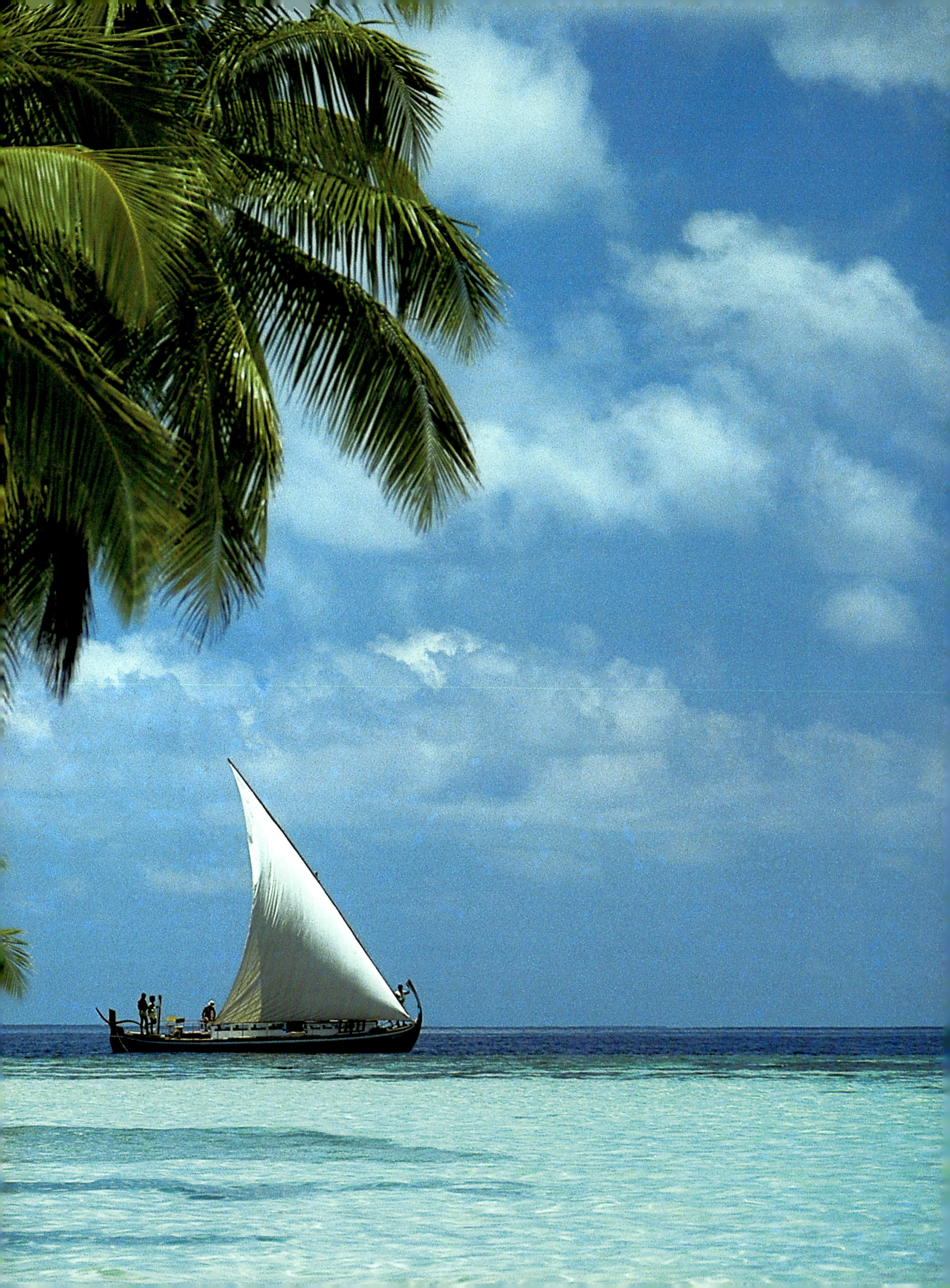

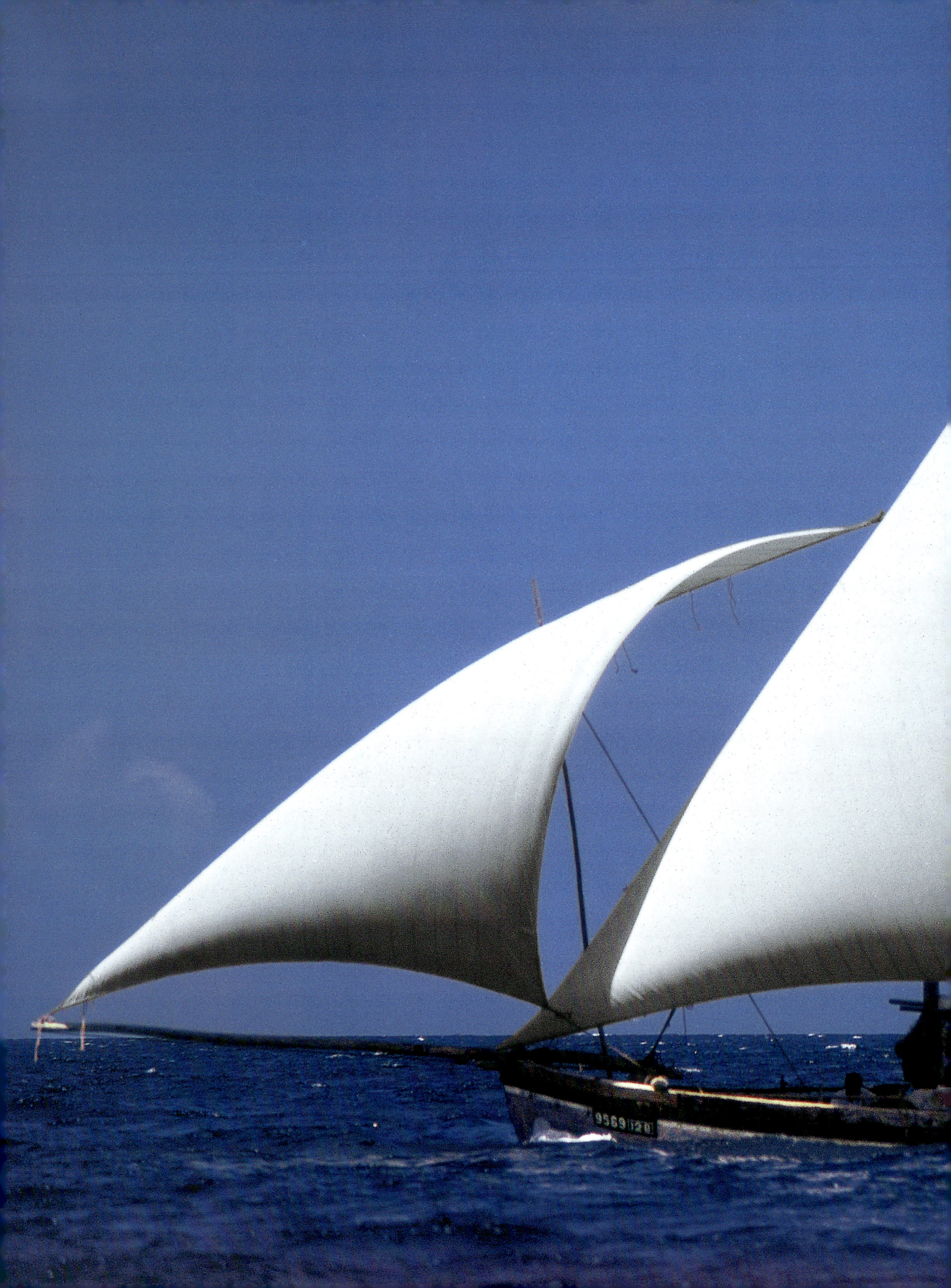

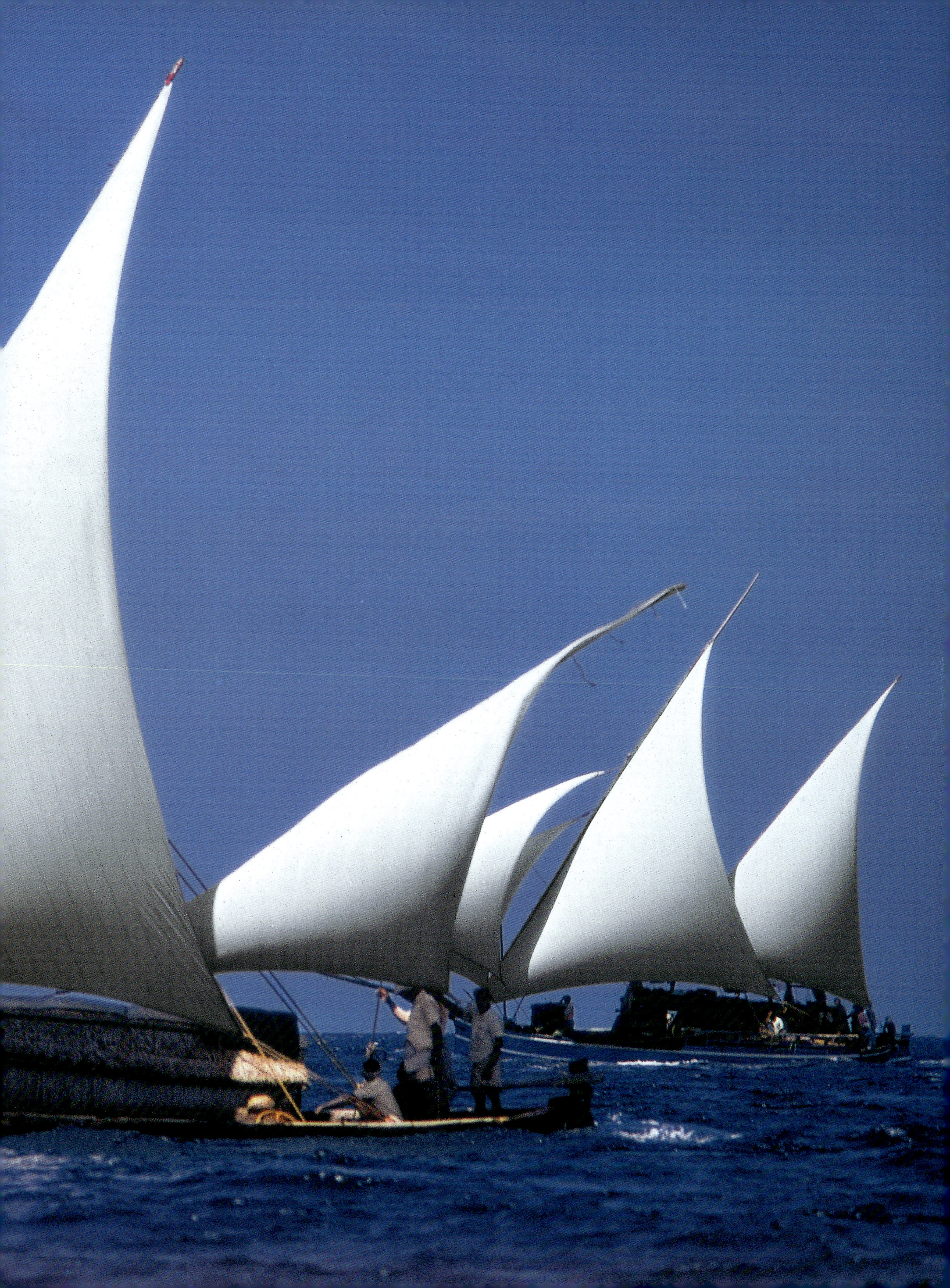

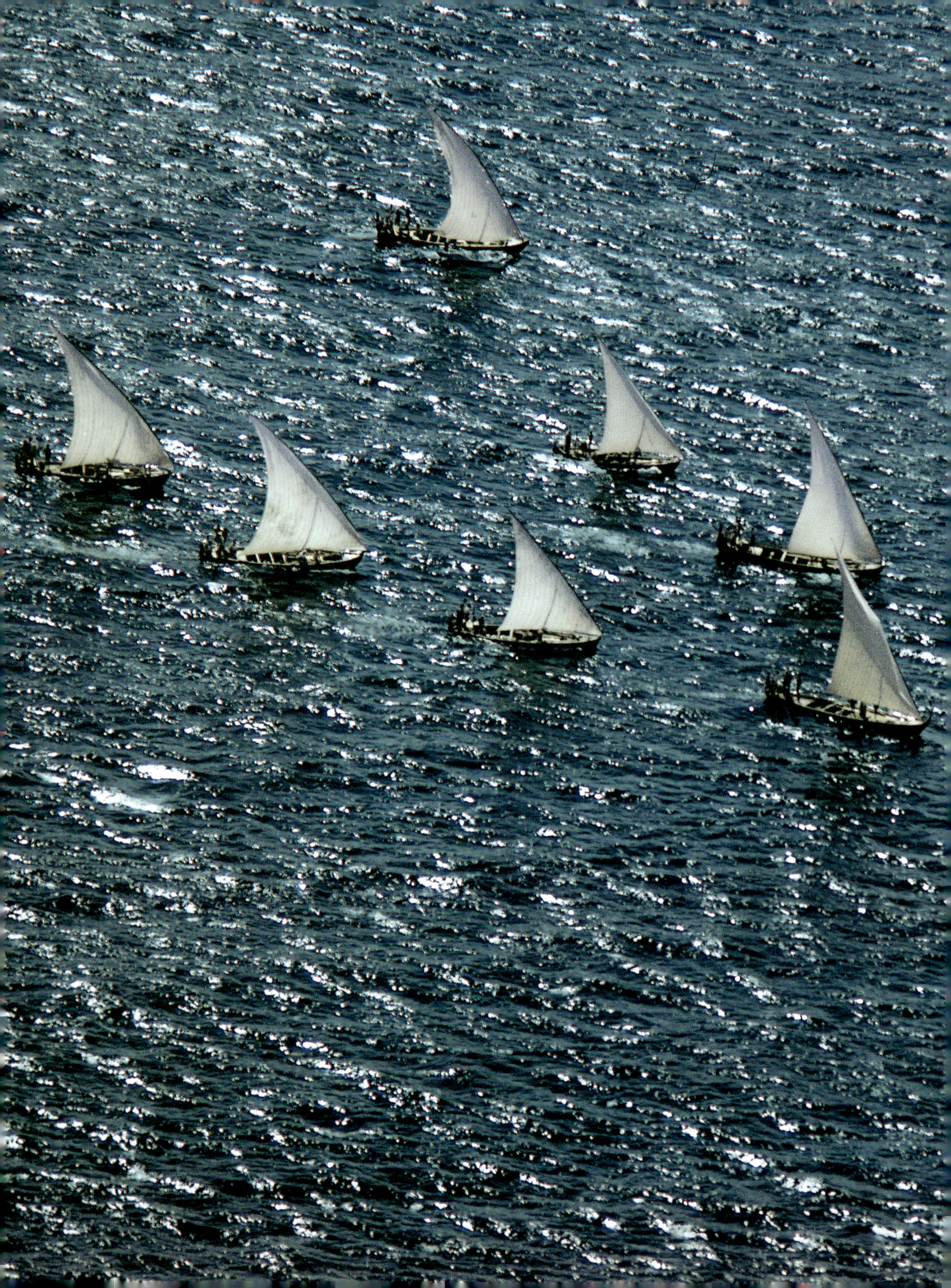

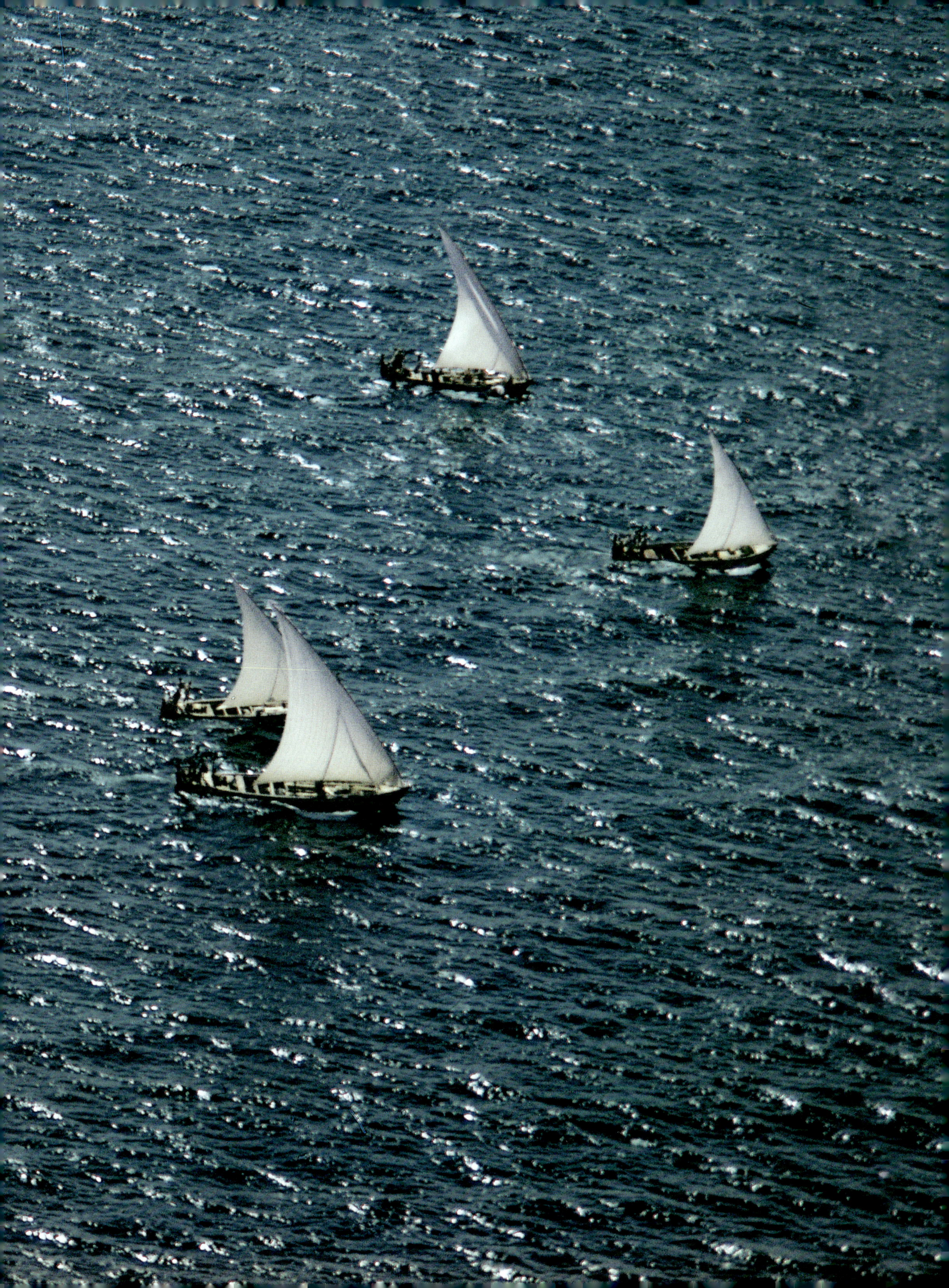

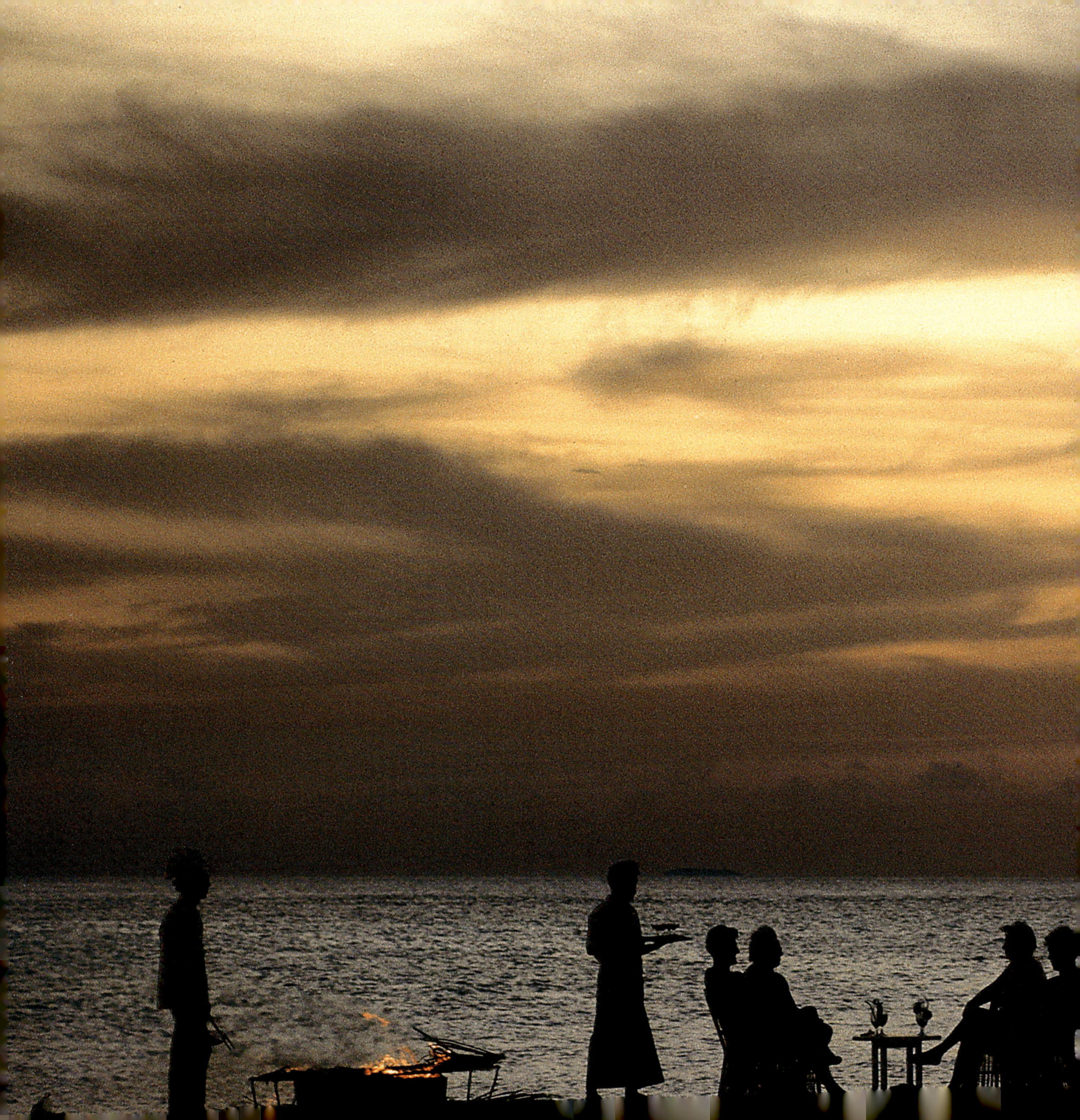

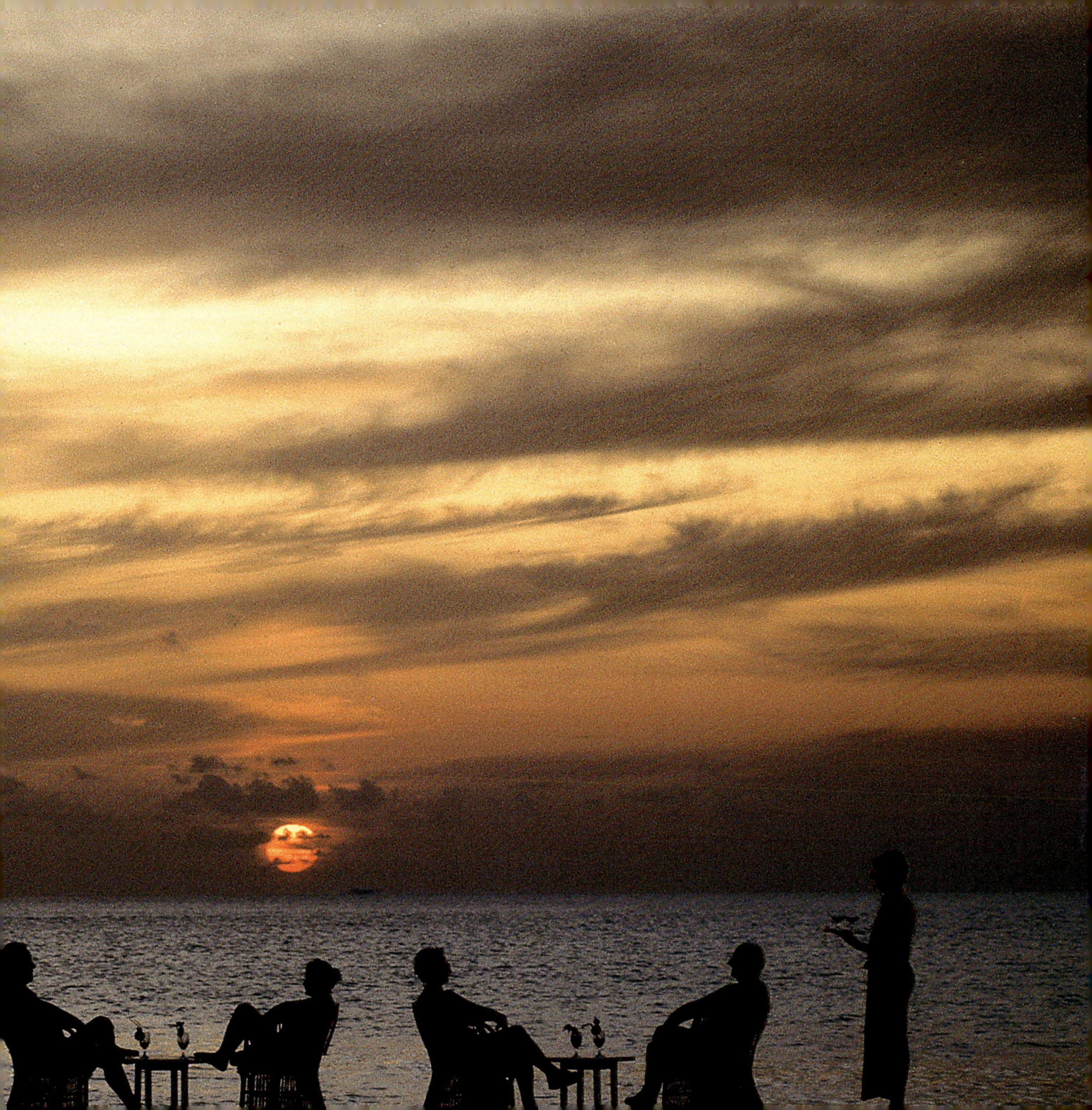

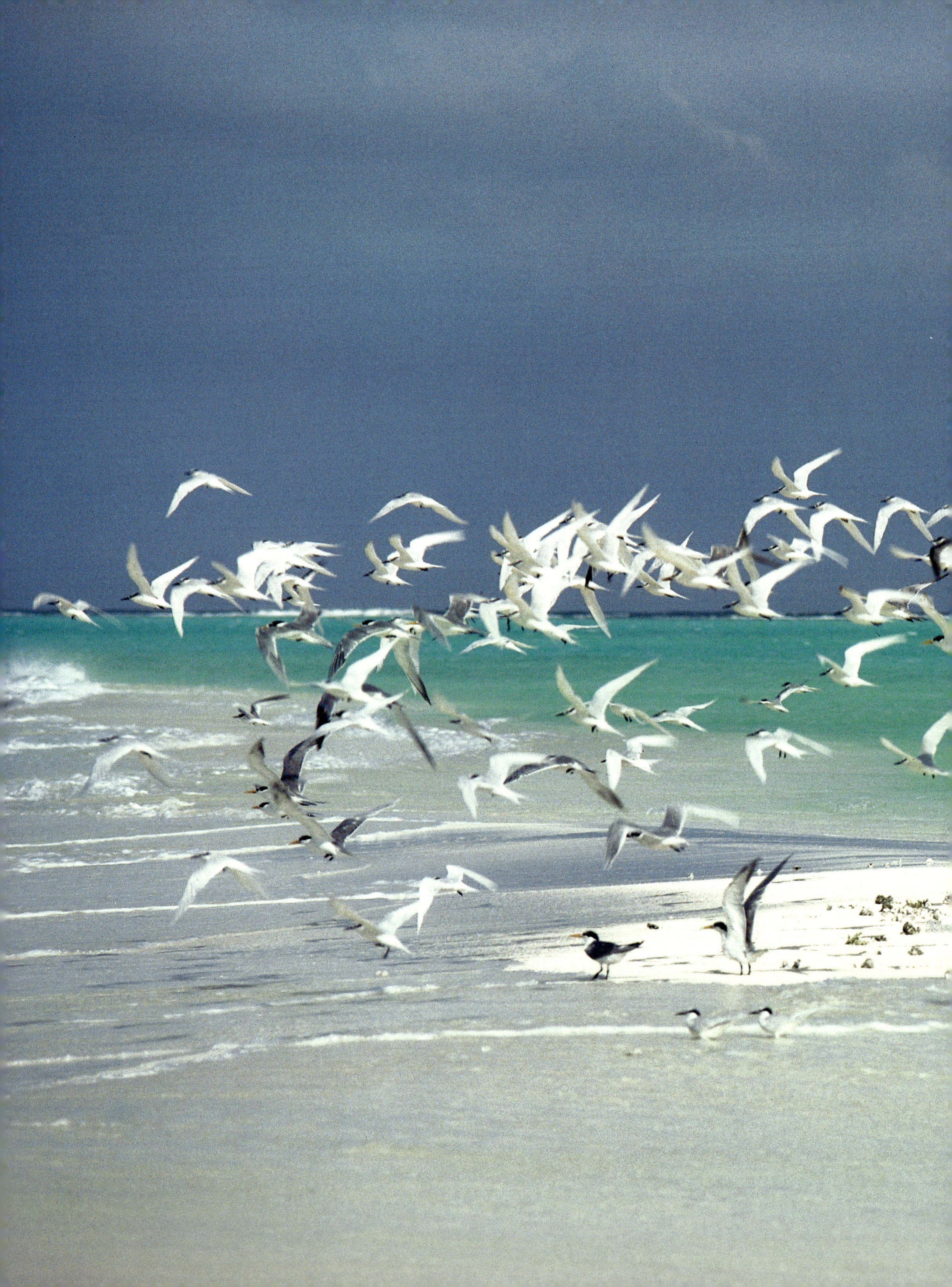

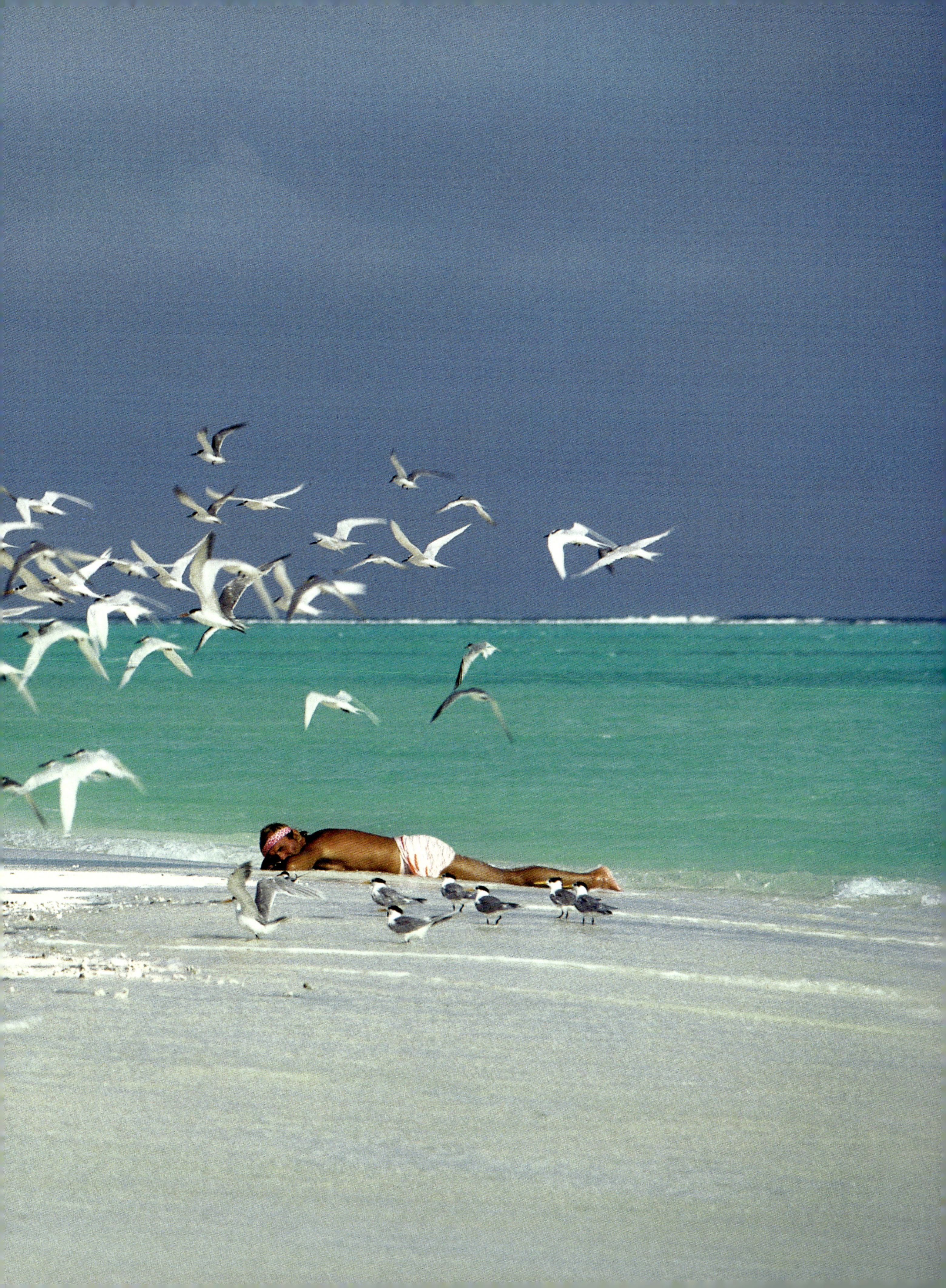

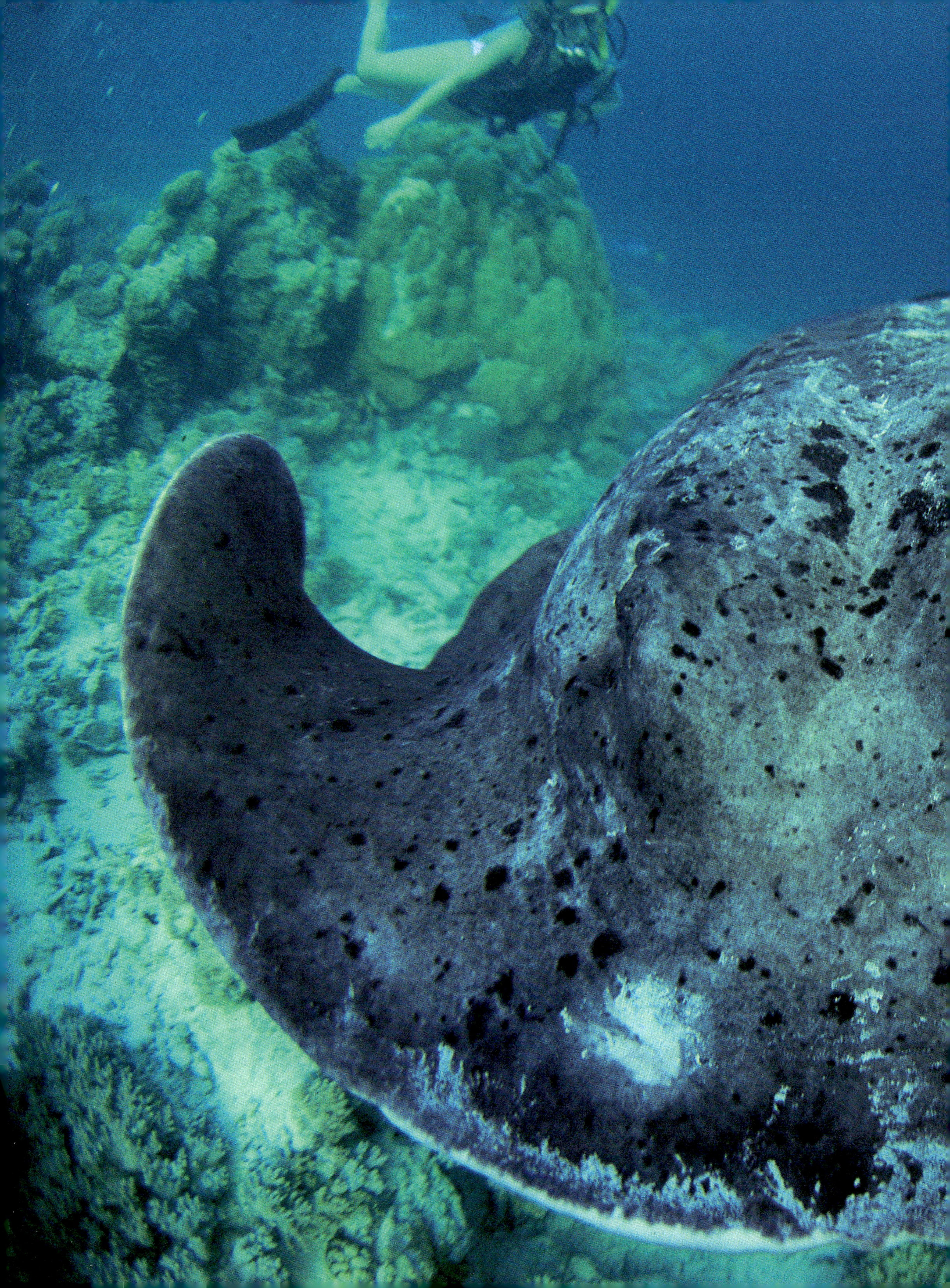

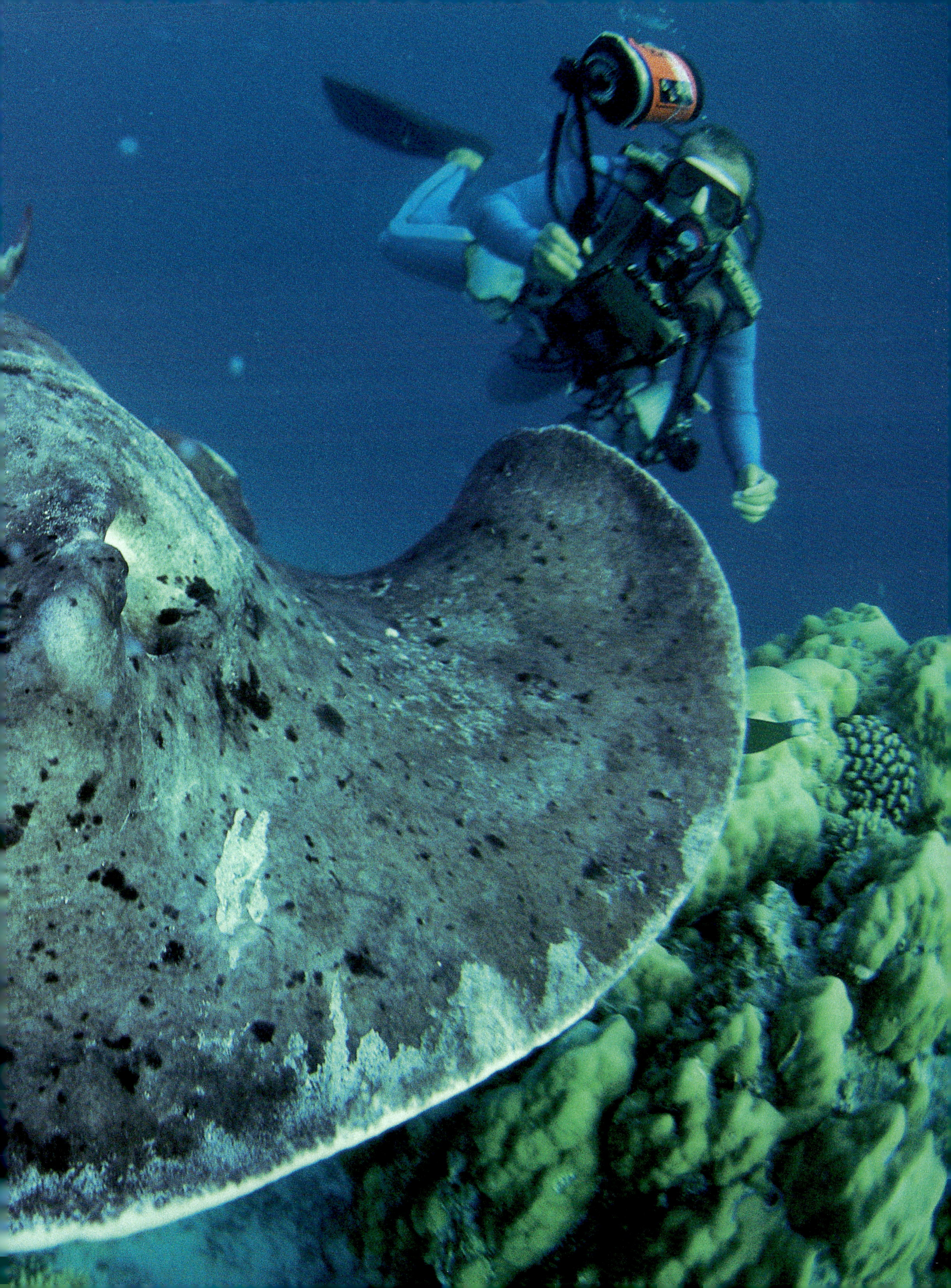

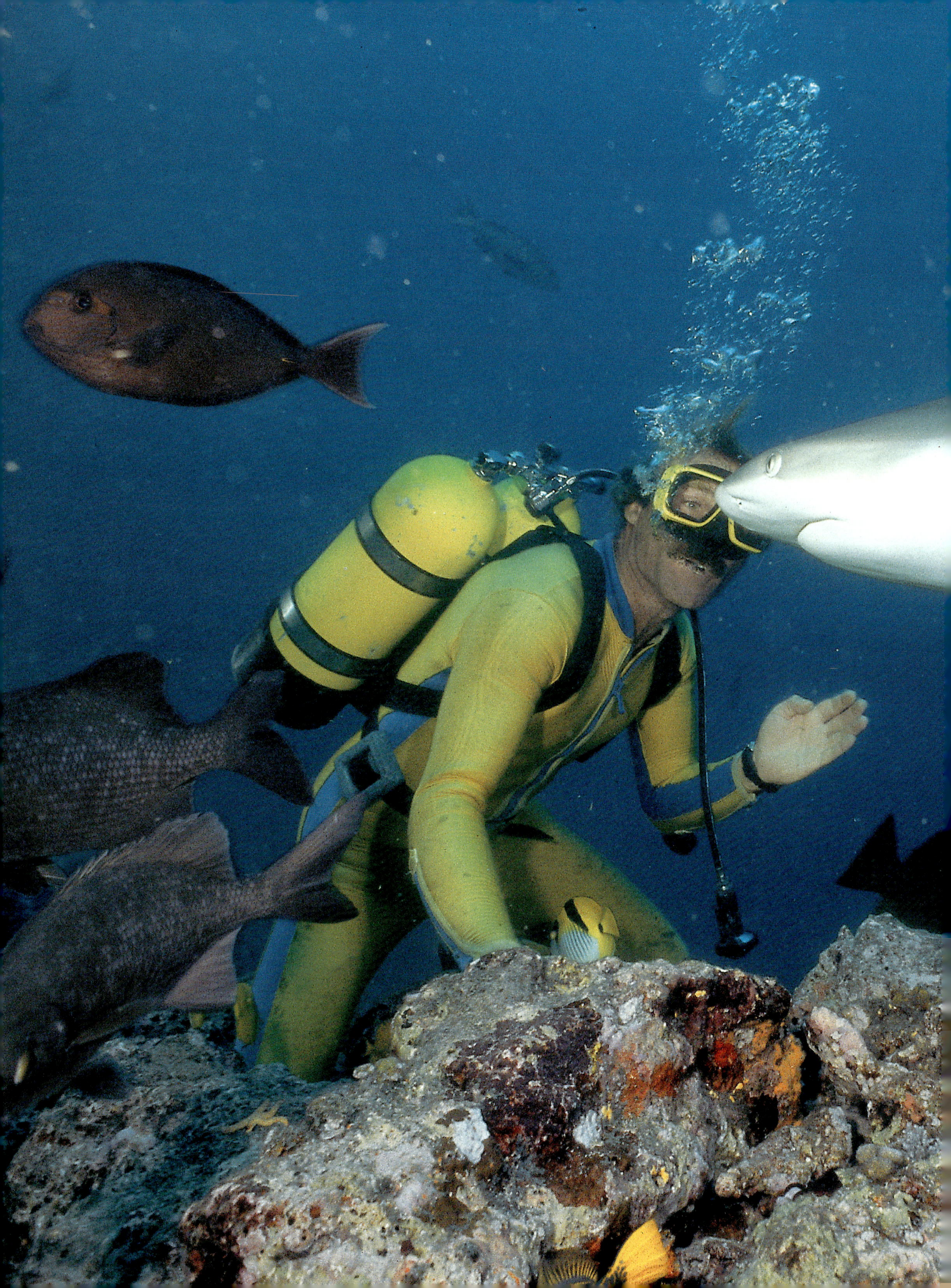

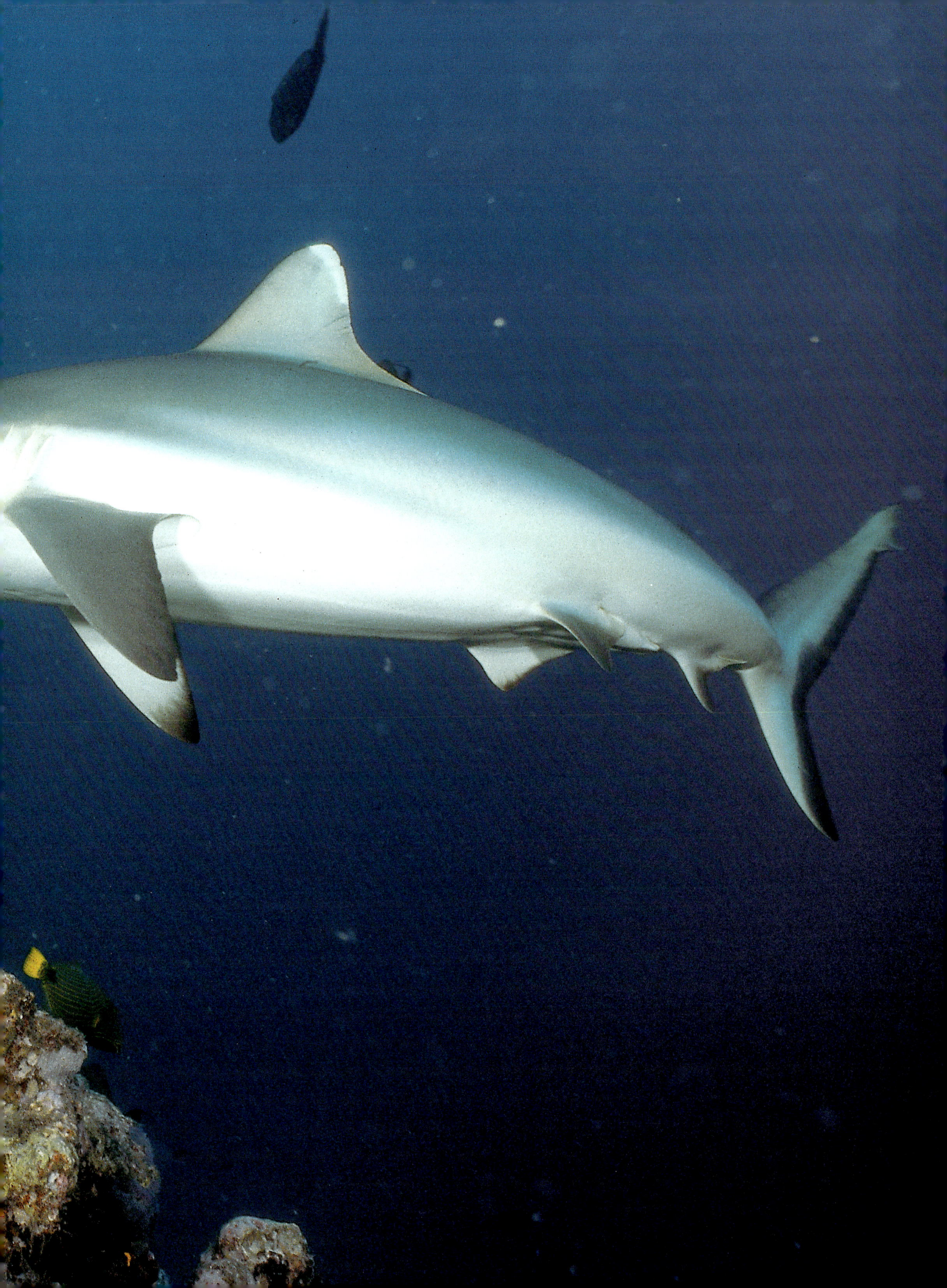

ABDUL AZEEZ ABDUL HAKEEM - DER KORALLENGÄRTNER

Die Insel aus feinem weißen Korallensand ist der Inbegriff für Traumurlaub - ihre Existenz wird als selbstverständlich angenommen. Sie ist jedoch das Ergebnis eines funktionierenden, hochsensiblen Ökosystems. Ohne die vorgelagerten Korallenriffe, die einen lebenden Schutzwall bilden, würden die Strände und schließlich die ganze Insel versinken.

Im Mai 1998 schlug das Klimaphänomen El Niño verheerend zu. Die tropischen Meere erwärmten sich bis zu 33 Grad Celsius. Über 70 Prozent der Korallenpolypen überlebten den Hitzeschock nicht und starben ab. Die einst blühenden Korallengärten verwandelten sich in farblose, graue Trümmerfelder, schützende Riffe kollabierten. Mit Sandsäcken, Eisenkäfigen - gefüllt mit Korallenschutt- oder aufgeschütteten Wällen wird auf vielen Inseln versucht der Erosion Einhalt zu gebieten.

Schon 1995 experimentierte Azeez - ein früher, konsequenter Vertreter des ökologischen Tourismus - am Aufbau eines künstlichen Riffs auf der Insel IHURU, das von dem deutschen Architekten Wolf Hilbertz und Tom Goreau entwickelt wurde: eine Unterwasser-Stahlkonstruktion, in die Schwachstrom aus Solarzellen gespeist wird. Durch die elektrische Spannung fällt Kalk aus und schafft so einen riffähnlichen Untergrund, an dem sich die transplantierten Babykorallen ansiedeln können.

Als El Niño zuschlug, starben an dieser Konstruktion nur 30 Prozent der Steinkorallen, am restlichen Riff über 70 Prozent. Die Korallennachzucht an diesen Gestängen scheint widerstandsfähiger und wärmeresistenter zu sein. Sie bilden den Grundstock, die wissenschaftliche Hoffnung der Korallenforschung.

Diese Technik hat sich heute in über einhundert Projekten, weltweit in mehr als 12 Ländern, bewährt.

"Man kann diese Korallen mit einfachen Mitteln heranzüchten und später in tote Riffe verpflanzen - es geht so einfach wie das verpflanzen von Bäumen", schwärmt der Korallengärtner Azeez. "Alle Inseln, die touristisch genutzt werden, sind in der Pflicht. Das kostet nicht soviel, als dass wir uns das nicht leisten könnten! Dann könnten wir unsere Riffe vor dem nächsten El Niño retten!"

Bisher steht das einzige Marine Laboratorium der Malediven auf Vabbinfaru, gesponsert vom Banyan Tree Resort. Hier forschen und experimentieren zwei Malediver und ein international anerkannter Meeresbiologe mit Azeez.

Ihm und seinem Team gelang in der Vollmondnacht im März 2003 die sensationelle Filmaufnahme über die Vermehrung von Korallenpolypen. "Sie stießen Wolken von pink-orangenen Eiern und Spermensträngen aus. Es war das erstemal in der Geschichte der Malediven, dass dies beobachtet wurde. Wir nehmen es als zuversichtlichen Beweis, dass unsere gefährdeten Riffe sich wieder regenerieren werden."

Interessierte Gäste, insbesondere von Banyan Tree und Angsana Ihuru, werden ins "Reef Check Programm" einbezogen. Dies ist ein Programm des Umweltschutzinstituts der UCLA, der University California, das mit freiwilligen Beobachtern weltweit wichtige Daten sammelt und auswertet. Jeder Taucher ist willkommen und in kurzer Zeit eingewiesen. Entlang einer 100 Meter langen Führungsleine werden in Tiefen von 3 und 10 Metern die Beobachtungen protokolliert. Die weltweit benötigte, große Datenmenge kann nur mit freiwilligen Helfern gesammelt werden. Hier wird jeder gebraucht!

Das Meeresschildkröten-Schutzprogramm ist ein zweites Projekt, das von Azeez betreut wird. Um die Bestände der weltweit gefährdeten grünen Seeschildkröte auf den Malediven zu sichern, werden jährlich bis zu 60 Babys aufgezogen. Ein Jahr leben sie in einem schützenden Käfig in der Lagune von Vabbinfaru. Nach ihrem 1. Geburtstag werden sie in die Freiheit entlassen. Jetzt sind sie groß genug, um nicht als Fisch- und Vogelfutter zu enden. Mit Peilsendern ausgerüstet, senden einige von ihnen wertvolle Informationen über Wachstum und Zugwege. Endgültige Ergebnisse können erst in 30 Jahren erwartet werden, wenn überlebende Schildkröten zur Eiablage auf ihre Insel zurückkommen.

Große Visionen, beinharter Einsatz, viel Geduld und Sponsoren sind die Voraussetzungen für den Erfolg beider Programme. Azeez und sein engagiertes Team geben über ihre Projekte gerne Auskunft. Einmal im Monat kommen maledivische Schulkinder auf die Insel. Die junge Generation soll sich frühzeitig mit den Umweltproblemen, aber auch mit den Möglichkeiten zum Erhalt ihrer Heimat, die Atolle der Malediven, vertraut machen.

Hilfe ist immer willkommen! Mehr Informationen:
www.banyantree.com
e-mail: marine-maldives@banyantree.com

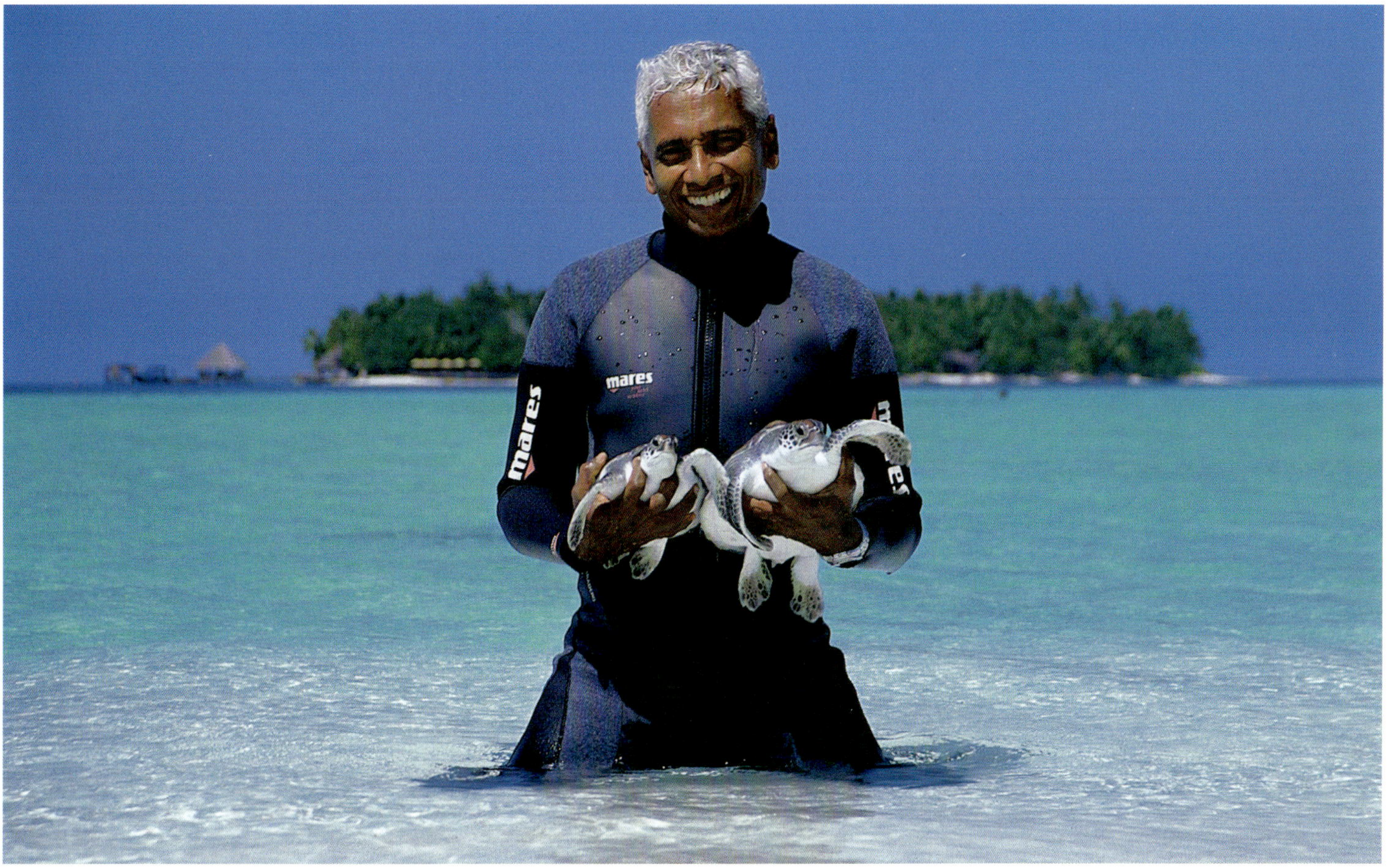
mares
mares

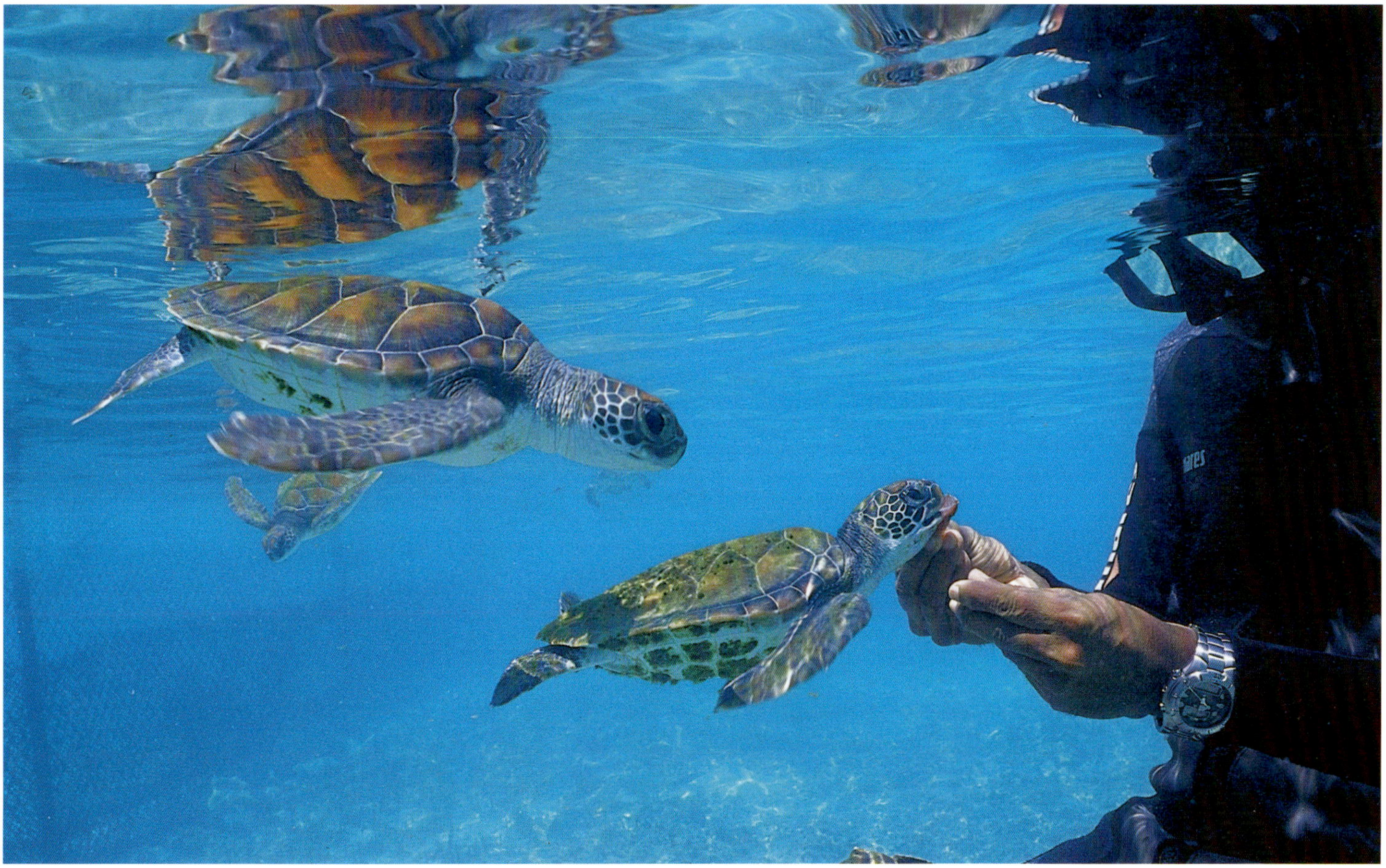
mares

UNTERWASSERWELT

Imperator-Kaiserfisch

Juwelen-Zackenbarsch

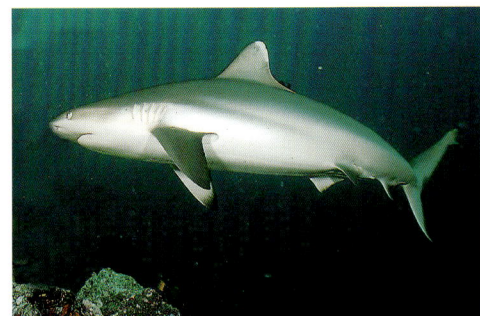

Grauer Riffhai

Echter Steinfisch

Gewöhnlicher Großaugenbarsch

Blick vom Meeresgrund zur Wasseroberfläche

Schnorcheln

Silber-Kaninchenfische

Riesen-Kugelfisch

Harlekin-Süßlippe

Manta

Schwarzer Pyramiden-Falterfisch

Langflossen-Fledermausfisch

Schwarzfleck-Stechrochen

RESORT - HOTELS

Paradise Island

Rasdhoo Atoll

Bandos

Farukolhufushi

Huvafen Fushi

Full Moon

Thulhaagiri

Laguna Beach

Sun Island

Meeru

Veligandu

Maayafushi

Angaga

Reethi Beach

Holiday Island	Embudu	Kurumba
Helengeli	Ellaidhoo	Rangali Hilton
Royal Island	Four Seasons Landaa Giraavaru	Reethi Rah
Kihaadhuffaru	Bathala	Meedhupparu
Club Med Kanifinolhu	Four Seasons - Kuda Huraa	Kuredu

RESORT - HOTELS

Bathala

Halaveli

Boduhithi

Bolifushi

Baros

Coco Palm - Dhunikolhu

Banyan Tree - Vabbinfaru

Komandhoo

Kudarah

Biyadhoo

Twin Island

Dhigufinolhu

Angsana-Ihuru

Cocoa Island

White Sands	Vakarufalhi	Villivaru
Lily Beach	Soneva Gili and Paradise	Lohifushi
Palm Beach	Vilamendhoo	Soneva Fushi
Taj Coral	Machchafushi	Mirihi
Kanuhura	Vadoo	Summer Island

MICHAEL FRIEDEL WORKSHOP

Das Segel-Dhoni ALADIN, 1974 das erste einheimische Boot mit einem Motor, ist bis heute mein bevorzugtes Transportmittel geblieben. Durch den geringen Tiefgang von nur 80 cm komme ich durch jedes Riff in die flachen Lagunen der bewohnten und unbewohnten Inseln. Ohne Ahmed Adam, dem Erbauer und Eigner der ALADIN, seine wertvollen Ratschläge und seine große Hilfsbereitschaft hätte ich viele meiner Photos nicht machen können. Seine erfahrenen Seeleute sind die wahren Pfadfinder durch die Labyrinthe der Riffe. Es gibt auf den Malediven nur wenige Kapitäne, die die Riffe außerhalb ihrer Heimatatolle kennen und sich eine solche Reise zutrauen.

Die wochenlangen Reisen auf der ALADIN führten mich mit meiner Frau zu Inseln, deren Bewohner nie zuvor Europäer gesehen hatten. Anfangs versteckten sich die Frauen und Kinder, um nach einer kurzen Weile, von Neugierde getrieben, im schönsten Sonntagsstaat vor der Kamera zu posieren. Die meisten Nächte verbrachten wir, zum Entsetzen der Mannschaft, in einer Hängematte auf unbewohnten Inseln. Unsere Seeleute fürchteten sich vor Inselgeistern und blieben an Bord.

Wir kamen zu jungfräulichen Tauchgründen. Die Fische hatten noch nie einen Taucher gesehen. Zackenbarsche und Riffhaie kamen bis auf Armlänge heran, um ihre Standplätze zu verteidigen. Meine ersten Tauchversuche mit über fünfzig Kilo Photoausrüstung am Hals und ohne Tarierweste hätten mich fast das Leben gekostet. Ich habe zweihundert Haie gesehen, bevor ich den ersten richtig vor die Linse bekam. Mit Hilfe des Photographen und Tauchers Herrwarth Voigtmann machte ich die ersten Nahaufnahmen von Haien. Bei starker Strömung band ich mich mit einer Nylonschnur an einer Koralle fest. Bis zu sieben Haie hatten sich einmal gleichzeitig für uns interessiert. Sie sind sogar durch meine Beine geschwommen, ohne mich zu berühren. Es gelang mir, sie bis auf dreißig Zentimeter an das Objektiv heranzubekommen.

Meine Luftphotos von den Inseln waren für die Malediver eine Sensation. Sie hatten ihre Inseln noch nie aus der Vogelsicht gesehen.

Ahmed Adam und Michael Friedel

Dhoni ALADIN

Die ersten Magazinveröffentlichungen haben die bildliche Darstellung der Malediven geprägt. Für die Malediver waren diese Photos aus der Sicht eines Fremden eine völlig neue Erkenntnis. Die romantische Sichtweise der Touristen von ihren Inseln war ihnen bis dahin fremd. Heute begegnen mir meine Motive in endlosen Variationen auf Batiken, Bildern und T-Shirts.

Zum 10. Jahrestag der Unabhängigkeit erschien eine Briefmarkenserie mit vier Motiven von mir und zur gleichen Zeit die ersten Postkarten, Poster und Aufkleber.

1973 habe ich mehrere Anläufe unternommen, um die Malediven aus der Luft zu photographieren. Das ceylonesische Militär war für US-Dollars sehr hilfsbereit. Über achthundert Kilometer Entfernung, kein Funkverkehr und eine nur teilweise asphaltierte Landebahn auf den Malediven machten das Unternehmen zu einem Abenteuer. Die viermotorige Militärmaschine war zu schwer und zu schnell und ich musste ohne Photos zurück nach Colombo. Den zweiten Anflug wagte der Pilot in einer viersitzigen Cessna nur mit Kompass, im Sichtflug. Nach dreieinhalb Stunden sahen wir, unendlich erleichtert, die ersten Riffe der Malediven. Nach einer weiteren Stunde landeten wir auf der Insel Hulule.

In den folgenden dreißig Jahren habe ich mehrere hundert Flugstunden überlebt. Es wurde immer leichter in die Luft zu gehen.

Um das Naturwunder Malediven im Bild sichtbar zu machen, musste ich aus der Luft, vom Meeresspiegel und unter Wasser photographieren. Dafür habe ich auf den Malediven das Tauchen gelernt.

Auf meinen Reisen benutze ich drei bis fünf Kameras und Objektive von 16-500 mm. Bei Luftaufnahmen ist alles Gerät im Einsatz. Nur bei Luftphotos verwende ich einen Polfilter, um die Sandbänke und Riffe, die knapp unter dem Meeresspiegel liegen, besser sichtbar zu machen. Die meisten Luftbilder sind um die Mittagszeit bei senkrechtem Sonnenstand und, wenn möglich, bei Ebbe entstanden. Dann leuchten die Farben der unterschiedlichen Wassertiefen, und die weißen Strände zeigen sich in ihrer ganzen Schönheit.

Die Malediven liegen am Äquator, das Licht ist hart, die Kontraste groß. Die richtige Belichtung ist ein Teufelsspiel, da hilft kein Belichtungsmesser, sondern nur die Erfahrung. Das Photowetter, von dem ich auf den Malediven träume, ist dunstfrei nach einem Regen, windstill und sonnig. Dann verbindet sich das Blau des Himmels mit dem des Meeres und die kleinen Wölkchen spiegeln sich zwischen den Inseln.

Für nahe und intensive Luftaufnahmen eignet sich Parasailing. An einem 150 Meter langen Seil schwebe ich in 60 – 70 Metern Höhe über die Atolle. Nach 15 Flügen fiel Flug Nummer 16 buchstäblich ins Wasser. Das Boot verfing sich in einer Ankerleine vor Summer Island und kam abrupt zum stehen. In Sekunden stürzte ich von 70 Metern in den warmen indischen Ozean. Es blieb keine Zeit die Kameras und Objektive zu retten.

Die berühmtesten Berichterstatter der frühen Malediven waren der Weltreisende Ibn Battuta: Reisen ans Ende der Welt 1325 - 1352, Francois Pyrard de Laval: The Voyage to the East Indies 1619, und H.C.P. Bell: The Maldive Islands, 1883 bis 1940. 1984 habe ich Thor Heyerdahl auf der südlichen Insel Fua Mulaku getroffen. Er war, wie immer, auf Spurensuche nach alten Seewegen rechts und links des Äquators. Für Bonbons brachten ihm die Kinder der Insel säckeweise Tonscherben, darunter auch wertvolle griechischer, römischer und chinesischer Herkunft.

Hans Hass und Irenäus Eibl-Eibesfeld traf ich ebenfalls 1984 auf Bandos. Unvergessen sind ihre sensationellen Filme und Photos von ersten Begegnungen mit Riffhaien. Im Dezember 1957 kamen sie mit dem Forschungsschiff "Xarifa" auf die Malediven und schrieben mit ihren faszinierenden Schwimmtauchexpeditionen Tauchgeschichte.

Parasailing vor Kuda Bandos. Start im offenen Meer gegen den Wind.

Hai-Phototermin mit Michael Friedel und Herrwarth Voigtmann vor Bandos

Die Pioniere Irenäus Eibl-Eibesfeld und Hans Hass

Thor Heyerdahl sichtet antike Tonscherben

MALEDIVEN INFO

ANREISE
Von Europa direkt und schnell per Charterflug: LTU, CONDOR, AIR EUROPE, ALITALIA. Linienflüge sind inzwischen auch günstiger, aber sie dauern länger: z.B. AIR LANKA, EMIRATES AIRWAYS, INDIAN AIRWAYS, SINGAPORE AIRLINES, QUATAR AIRWAYS.

EINREISE + ZOLL
Europäische Staatsburger brauchen kein Visum aber einen mindestens noch 3 Monate gültigen Pass. Verboten sind die Einfuhr von: Alkohol, Schweinefleischprodukten, Hunden und Pornographie.

WÄHRUNG
Landeswährung ist die maledivische Rufiyaa. Der US-Dollar ist das gängigste Zahlungsmittel. Der Euro setzt sich immer mehr durch. Andere Währungen haben einen hohen Wechselverlust. Gängige Kreditkarten werden akzeptiert.

MEDIZIN
Persönlich benötigte Medikamente, Schmerz- und Durchfallmittel, Pflaster, desinfizierende Salbe fur kleinere Verletzungen an Korallen und eine Lotion gegen Sonnenbrand mitnehmen. Medizinische Betreuung nur in Male. Bei Tauchunfällen gibt es mehrere Dekokammern z.B. in der Klinik in Bandos.

HOTEL
Die Urlaubsinsel unbedingt vor Abreise buchen. Wer auf eigene Faust vor Ort eine Insel sucht, zahlt Höchstpreise.

RELIGION + ETIKETTE
Die Malediver sind zu 100% Moslems. Freitag ist der Sonntag der Malediver. Nacktbaden ist auf allen Inseln verboten. Bei Ausflügen nach Male müssen Bekleidungsvorschriften beachtet werden. Schultern und Oberarme sollten bedeckt sein, kurze Hosen sind verpönt.

INSELVERBINDUNGEN
Die Urlaubsinsel erreicht man mit dem Hotelschiff, Dhonis oder Wasserflugzeug. Wassertaxis und Taxis gibt es nur in Male.

STROM
Auf allen Inseln 220 Volt.

KLEIDUNG + AUSRÜSTUNG
Auf den meisten Urlaubsinseln herrscht eine lockere und zwanglose Atmosphäre. Juwelen und Ausgehschuhe können zu Hause bleiben. In den Koffer gehört pflegeleichte Kleidung aus Baumwolle, denn gute Wäschereien oder Reinigungen haben Seltenheitswert. Nicht vergessen: Sonnencreme mit hohem Lichtschutzfaktor, After Sun Lotion, Mückenschutz, Sonnenhut, Badebekleidung, Sandalen sowie reichliche Urlaubslektüre und eine gut sitzende Taucherbrille.

TELEFON + FERNSEHEN
Von den meisten Inseln kann, via Satellit, problemlos mit der ganzen Welt telefoniert und gefaxt werden. Das maledivische Fernsehen bringt Nachrichten in englischer Sprache, auf einigen Inseln ist Satellitenfernsehen möglich. Phonecards für Handys können preisgünstig erworben werden.

ZEIT
Von Europa je nach Jahreszeit ein Unterschied von plus 3-4 Stunden .

ESSEN + TRINKEN
Internationale Küche auf allen Urlaubsinseln. Die meisten Inseln haben nur ein Restaurant und Vollpension. Auf einigen gibt es auch einen Coffeeshop und Restaurants mit à la carte Gerichten. Alkoholische Getränke werden nur auf den Urlauberinseln angeboten. In Male gibt es mehrere kleine Restaurants, der Ausschank von Alkohol ist in Male nicht gestattet.

REISEZEITEN + REGENZEITEN
Wetterunterschiede erzeugen vor allem zwei Monsunwinde. Der Südwest-Monsun dauert etwa von Ende April bis September. Zum Ende hin gibt es Regen, Stürme und Gewitter. Die Zeit des Nordost-Monsuns von Dezember bis April ist die trockenste Periode. Die Temperaturen liegen das ganze Jahr bei durchschnittlich 30 Grad, die Wassertemperatur in den Lagunen bei 27 bis 29 Grad.

SOUVENIRS
Feilschen gehört zum guten Ton. Angeboten werden auch Artikel aus Schildpatt, Schildkrötenpanzer und Muscheln, die unter dem Artenschutzgesetz stehen. Wer damit erwischt wird , ist die Ware los und zahlt am Flughafen USD 500,-- Strafe.

AUSFLÜGE
Ein Tagesausflug zu den anderen Inseln und nach Male ist oftmals die einzige Möglichkeit, die eigene Urlaubsinsel zu verlassen und etwas von Land und Leuten zu sehen. In Male bietet sich die Gelegenheit, das Leben der Einheimischen Bevölkerung etwas näher zu betrachten. Sehenswert ist die imposante Moschee, ein kleines Landesmuseum und der Zentral- und Fischmarkt am Hafen. Eine Safari auf einem einfachen Dhoni, das über die Riffe über die flache Lagune hineinfahren kann, zählt zu den absoluten Höhepunkten eines Urlaubs auf den Malediven. Es ist die beste Möglichkeit,die Unterwasser- und die Inselwelten kennenzulernen.

SPORT + FREIZEIT
Fast alle Inseln haben eine Tauch-und Surfschule. Ausrüstungen können ausgeliehen werden. Tennis, Segeln, Fitness-, Spa- und Wellnessprogramme bieten immer mehr Inseln an. Auf einigen Urlaubsinseln gibt es wöchentlich einen Diskoabend oder eine Live Band.

REPUBLIK MALEDIVEN
Die zu Atollen verbundenen Inseln reihen sich am 73. Meridian zwischen 0° 42' Süd und 8° 10' Nord in einer Länge von 753,6 km und von Osten nach Westen in einer Breite von 118,1 km auf.
Geographie: ausschließlich Koralleninseln-Atolle.
Größe: 1195 Inseln, Landfäche 298 qkm.
Wasserfläche: ca 107.500 qkm
Gesamtbevölkerung: 300.000
Hauptstadt Male: 100.000
Religion: 100% Moslems
Sprache: Maledivisch (Divehi), Englisch
Status: seit 1965 unabhängige Präsidiale Republik

KLIMATABELLE

	Jan.	Feb.	März	April	Mai	Juni	Juli	Aug.	Sept.	Okt.	Nov.	Dez.
Mittlere tägliche Höchsttemperatur in °C	31	31	32	33	33	32	32	32	32	32	31	31
Mittlere nächtliche Tiefsttemperatur in °C	24	24	25	26	26	25	25	25	25	24	24	23
Mittlere tägl. Sonnenscheindauer in Stunden	7	8	7	6	5	5	6	6	6	6	6	6
Mittel der monatlichen Tage mit Regen	11	2	6	9	17	15	11	12	12	19	12	17

MAP OF MALDIVES
OUT OF SPACE

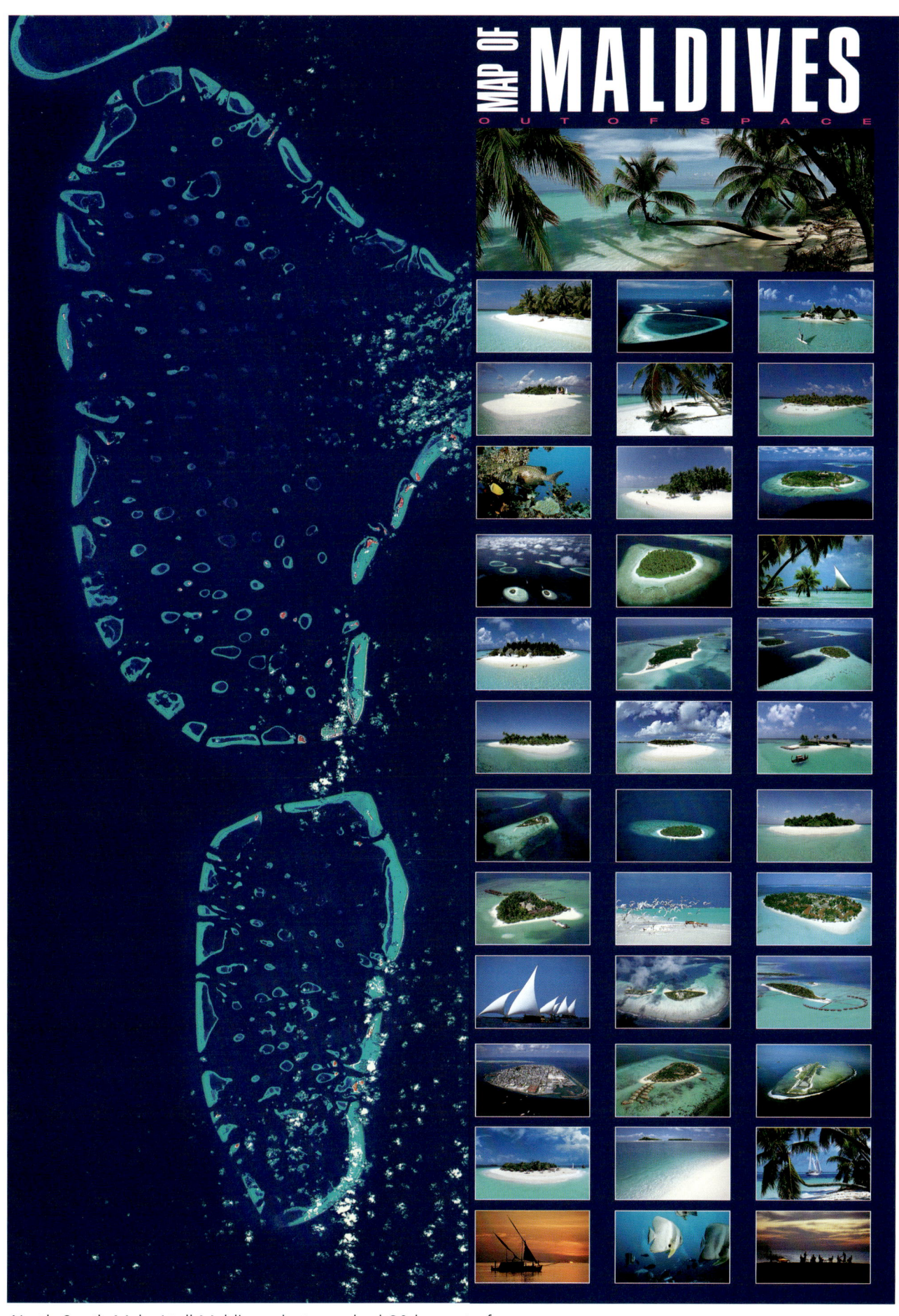

North-South Male Atoll Maldives photographed 80 km out of space

Maldives Atolls Map

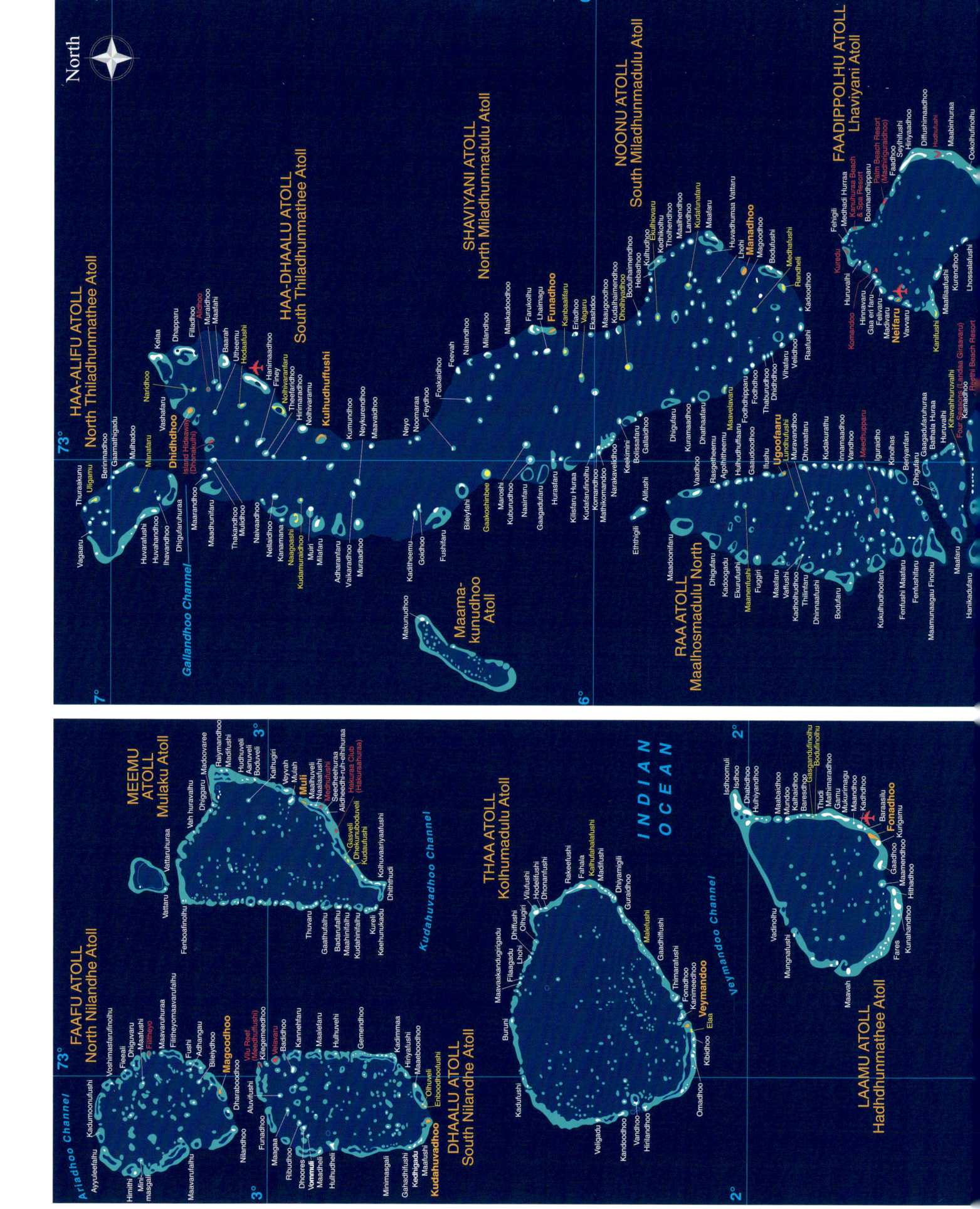

North Section

HAA-ALIFU ATOLL — North Thiladhunmathee Atoll
HAA-DHAALU ATOLL — South Thiladhunmathee Atoll
SHAVIYANI ATOLL — North Miladhunmadulu Atoll
NOONU ATOLL — South Miladhunmadulu Atoll
FAADIPPOLHU ATOLL — Lhaviyani Atoll
RAA ATOLL — Maalhosmadulu North
Maama-kunudhoo Atoll

Gallandhoo Channel

Islands (North)
Vagaaru, Thuraikunu, Uligamu, Berinmadhoo, Giamathigadu, Muhadoo, Huvarafushi, Ihavandhoo, Maarandhoo, Maadhunifaru, Vashafaru, Manafaru, Kelaa, Dhappparu, Filladhoo, Baarah, Utheemu, Hoadaafushi, Alifhoo, Muraidhoo, Maafahi, Dhigufaruhuraa, Narudhoo, Nellaidhoo, Kanamana, Naagoashi, Kudamuraidhoo, Muiri, Millataru, Adharantaru, Vaikaradhoo, Muraidhoo, Thakandhoo, Muldhoo, Dhidhdhoo, Island Hideaway (Dhonakulhi), Hanimaadhoo, Finey, Nolhivaranfaru, Hirimaradhoo, Nolhivaramu, Theefaridhoo, Kulhudhuffushi, Kumundhoo, Neykurendhoo, Maavaidhoo, Neyo, Noomaraa, Feydhoo, Foakaidhoo, Feevah, Nalandhoo, Milandhoo, Maakadoodhoo, Farukolhu, Lhaimagu, Funadhoo, Kanbaalifaru, Eriadhoo, Vagaru, Ekashdoo, Bileyfahi, Gaakoshinbee, Kuburudhoo, Naainfaru, Hurasfaru, Kilisfaru Huraa, Kudafarunolhu, Mathikomandoo, Narakaveldhoo, Keekimini, Bolissafaru, Gallandhoo, Alifushi, Ethhigili, Maadoonifaru, Maadoonifushi, Kadoogadu, Ekurufushi, Maanenfushi, Fuggiri, Maafaru, Vatfushi, Kadhufushi, Dhinmaatushi, Bodufaru, Kukulhudhoofaru, Fenfushi Maafaru, Fentushithau, Maamunaagau Finolhu, Hanikaduharu, Maauthushi, Vaadhoo, Rasgetheemu, Agolhitheemu, Hulhudhuffaaru, Gaaudoodhoo, Fodhdhippparu, Frodhippparu, Maavelavaru, Dhathaafaru, Kuramaadhoo, Dhigufaru, Fodhdhoo, Thaburudhoo, Dhidhdhoo, Vilhafaru, Velidhoo, Raafushi, Kadoodhoo, Kudafunafaru, Huvadhumaa Vattaru, Maafaru, Landhoo, Maalhendhoo, Kedhikolhu, Kulhudhoo, Ekulhivaru, Tinohendhoo, Kudafunafaru, Manadhoo, Magoodhoo, Medhaafushi, Boduthoo, Randheli, Kadoodhoo, Maauugoodhoo, Kudalhaimendhoo, Dhothiyadhoo, Hebadhoo, Boduhaimendhoo, Linoh, Vihafaru, Muravandhoo, Dhuvaafaru, Kudakurathu, Innamaadhoo, Vandhoo, Meedhuppparu, Iguraidhoo, Kinolhas, Beriyanfaru, Dhigufaru, Gaasgadufaruhuraa, Bathala Huraa, Huruvalhi, Kihavah Huravalhi, Four Seasons (Landaa Giravaru), Reethi Beach Resort, Maafaru, Kanifushi, Maafilaafushi, Kurendhoo, Lhossalafushi, Hinavaru, Gaa eri faru, Felivaru, Madivaru, Vavaru, Naifaru, Komandoo, Huruvalhi, Feligili, Medhadi Hurraa, Kanuhuraa Beach & Sea Resort, Boamandhippparu, Palm Beach Resort (Madhirigiraidho), Faadhoo, Seyhifushi, Sirinyadhoo, Diffushimandhoo, Hudhufushi, Ookolhufinolhu, Kuredu

South Section

FAAFU ATOLL — North Nilandhe Atoll
MEEMU ATOLL — Mulaku Atoll
DHAALU ATOLL — South Nilandhe Atoll
THAA ATOLL — Kolhumadulu Atoll
LAAMU ATOLL — Hadhdhunmathee Atoll

Ariadhoo Channel
Kudahuvadhoo Channel
Veymandoo Channel

INDIAN OCEAN

Islands (South)
Ayyuleetalhu, Kadumoontushi, Himithi, Mini-masgali, Fieeali, Dhigaru, Maatushi, Tilafushyo, Voshimaasfarudinolhu, Maavarulahu, Filitheyomaavarufalhu, Fushi, Adhangau, Bileydhoo, Magoodhoo, Velavaru, Vilu Reef (Meedhuffushi), Kilegemeedhoo, Baddhoo, Kanehefaru, Maalefaru, Hulhuvehi, Gemendhoo, Kadimma, Hinyafushi, Maaebhoodhoo, Mastushi, Maagau, Ribudhoo, Dharaboodhoo, Aluhfushi, Olhuveli, Enboodhootushi, Dhoores, Vommuli, Madheli, Hulhudheli, Minimasgali, Gahafushi, Kedhigadu, Kudahuvadhoo, Vattaru, Vah huravalhu, Dhiggaru, Vattaruhuraa, Veyvah, Mulah, Maalhuveli, Naalafushi, Kolhufushi, Seecheehuraa, Madifushi, Aanuveli, Boduveli, Raaymandhoo, Madovaree, Kalhugiri, Huduhuveli, Muli, Hakuraa Club (Hakuraahuraa), Alidhoodhi-ruh-elhihura, Gaswel, Dhekunuboduveli, Kudatulushi, Kolhuvaariyaatushi, Dhimthudi, Kurei, Keehurnukadu, Thuvaru, Gaathufalhu, Badarulahu, Maalhiludhu, Kudalhiahu, Fenboatinolhu, Rakeetushi, Fahala, Vilufushi, Hodelifushi, Dhonanfushi, Kalhudahatushi, Madifushi, Dhiyamigili, Guraidhoo, Thimarafushi, Gadhufushi, Malefushi, Fonadhoo, Kannemeedhoo, Elaa, Veymandoo, Maaveekandugrigadu, Filaagadu, Dhiffushi, Lhohi, Ohugirli, Bururi, Kadutushi, Kandoodhoo, Vanhoo, Hiirilandhoo, Omadhoo, Kibidhoo, Vadinolhu, Mungnetushi, Maavah, Fares, Kunahandhoo, Velgadu, Isdhoomuli, Isdhoo, Dhabidhoo, Huluhiyandhoo, Maabaidhoo, Mundoo, Kalhaidhoo, Thudi, Mathimaradhoo, Gamu, Mukurimagu, Maandhoo, Kadhdhoo, Baraasilu, Fonadhoo, Gaasgandufinolhu, Bodufinolhu, Gaadhoo, Maamendhoo, Hithadhoo

Maldives Atolls Map

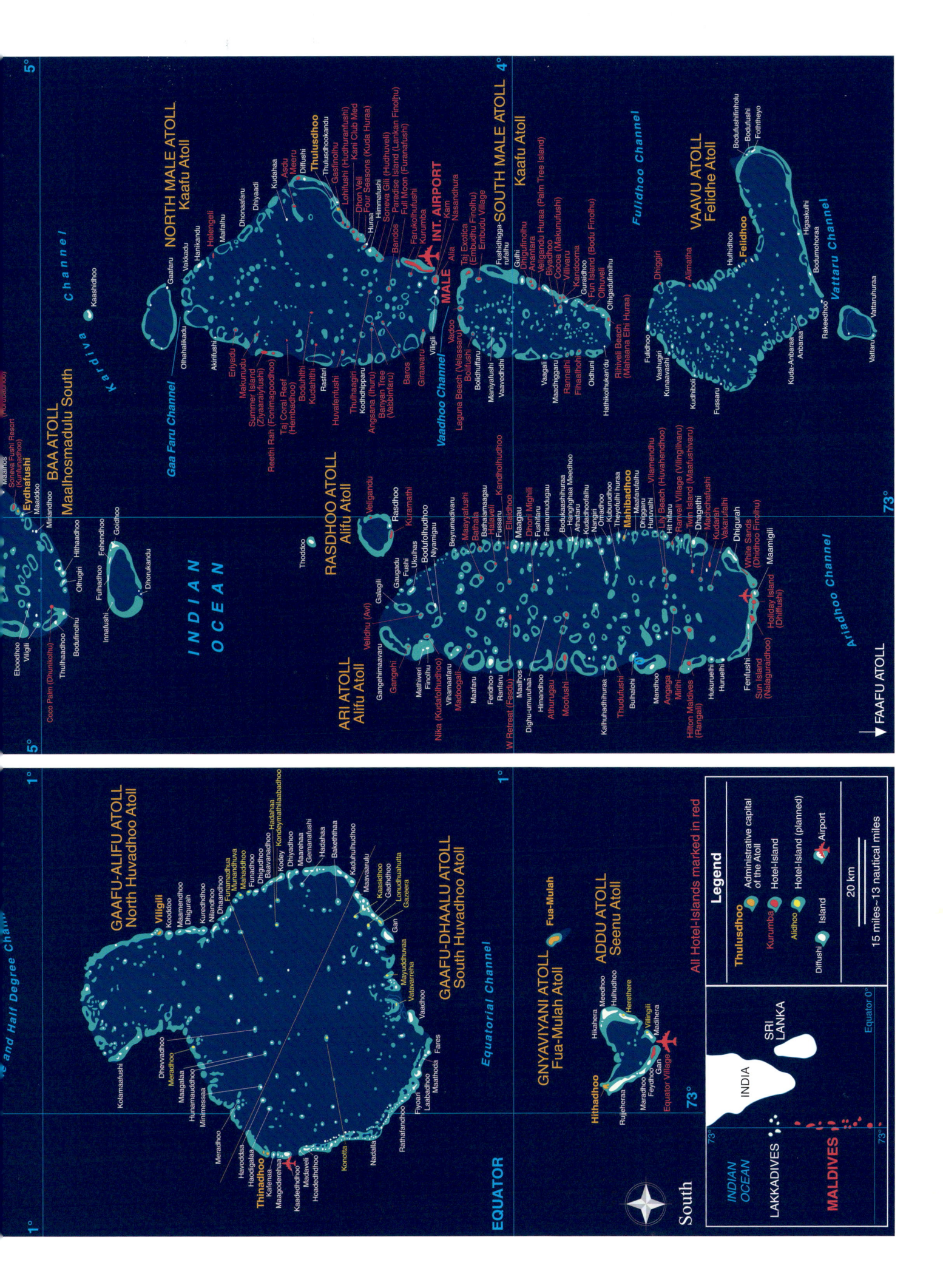

North Section

BAA ATOLL — Maalhosmadulu South
- Coco Palm (Dhunikolhu), Soneva Fushi Resort (Kunfunadhoo), Eydhafushi, Maalhos, Maadhoo, Miriandhoo, Hithaadhoo, Fehendhoo, Goidhoo, Fulhadhoo, Olhugri, Dhorukandu, Innafushi, Bodufinolhu, Eboodhoo, Vihgili

Kardiva Channel
Gaa Faru Channel

NORTH MALE ATOLL — Kaafu Atoll
- Kaashidhoo, Gaafaru, Kudahaa, Vakkadu, Hanikandu, Maifahu, Dhonaataru, Kudaraa, Diffushi, Dhyaadi, Helengeli, Meeru, Asdu, Thulusdhoo, Thulusdhookandu, Lohifushi (Hudhuranfushi), Gasfinolhu, Four Seasons (Kuda Huraa), Kani Club Med, Soneva Gili (Hudhuveli), Dhon Veli, Paradise Island (Lankan Finolhu), Full Moon (Furanafushi), Himmafushi, Huraa, Bandos, Farukolhufushi, Kurumba, Kuda Huraa, Taj Coral Reef (Hembadhoo), Reethi Rah (Fonimagoodhoo), Summer Island (Ziyaaraifushi), Makunudu, Eriyadu, Olhahalikadu, Akirifushi, Fushi, Boduhithi, Kudahithi, Huvafenfushi, Thulhaagiri, Kodhdhipparu, Angsana, Banyan Tree (Vabbinfaru), Rasfari, Giraavaru, Vilingili, Nasandhura, Male, **INT. AIRPORT**, Kam, Aila, Taj Exotica, Laguna Beach (Velassaru), Bolifushi, Bolidhuffaru, Maniyafushi, Vaavedhi, Vadoo

Vaadhoo Channel

SOUTH MALE ATOLL — Kaafu Atoll
- Fushidhigga-rufalhu, Dhigufinolhu, Veligandu Huraa (Palm Tree Island), Anantara, Cocoa (Makunufushi), Biyadhoo, Villivaru, Kandooma, Guraidhoo, Fun Island (Bodu Finolhu), Olhuveli, Rihiveli Beach (Mahaana Ethi Huraa), Hathikolhuken'du, Olhigadufinolhu, Gulhi

VAAVU ATOLL — Felidhe Atoll
- Hulhidhoo, Bodulushifinolhu, Bodufushi, Fothheyo, Fulidhoo, Dhiggiri, Vashugiri, Kunaavashi, Alimatha, Kudhiboli, Hulhidhoo, Kuda-Anbaraa, Anbaraa, Higaakulhi, Bodumohoraa, Rakeedhoo, Vattaru, Vattarumuraa, Felidhoo

Fulidhoo Channel
Vattaru Channel

Central Section

INDIAN OCEAN

RASDHOO ATOLL — Alifu Atoll
- Thoddoo, Veligandu, Rasdhoo, Kuramathi, Madivaru, Bodufolhudhoo, Ukulhas

ARI ATOLL — Alifu Atoll
- Gangehimaavaru, Galaagi, Gaugadu, Beyrumadivaru, Maayafushi, Bathala, Halaveli, Ellaidhoo, Fesdu, Kandholhudhoo, Nika (Kudafolhudhoo), Velidhu (Avi), Mathiveri, Finolhu, Madoogali, Ranfaru, Fussaru, Dhigurfinolhu, Drioni Mighili, Vihamaafaru, Vilamendhu, Fushifaru, Faanumudugau, Hangnhaa Meedhoo, Kudarudhdhoo, Athalara, Boduhuraa, Omadhoo, Maalhos, Maagau, Kalhuhadhihuraa, Dighu-umuruthaa, Imandhoo, Athurugau, Mootushi, Bulhalohi, Mandhoo, Angaga, Mirihi, Hukurulehi, Huruelhi, Fenfushi, Thudufushi, Sun Island (Nelaguraidhoo), Hilton Maldives (Rangali), Boduashinhuraa, Maafarutalhu, Dhigurah, Hilidhoo, Hit hilfaru, Viamendhu, Dhagethi, Dhigaru, Huruvahli, Kunburudhoo, Kinbigili, Theyofuhhi huraa, Maafushivaru, Twin Island (Maatushivaru), Ranveli Village (Villingiilvaru), Lily Beach (Huvahendhoo), Machchafushi, Kudarah, Vakarufalhi, White Sands (Dhidhoo Finolhu), Dhigurah, Maamigili, Holiday Island (Dhiffushi)

Ariadhoo Channel

FAAFU ATOLL →

South Section

GAAFU-ALIFU ATOLL — North Huvadhoo Atoll
- Viligili, Kooddoo, Maamendhoo, Dhigurah, Nilandhoo, Dhaanthoo, Kuredhdhoo, Kodey, Baavanadhoo, Hedahaa, Kondeymathilaabadhoo, Dhiyadhoo, Gemanafushi, Mahadhoo, Dhigudhoo, Funamadhoo, Bakeththaa, Kaadehdhoo, Hudahaa, Kaasidhoo, Maavaarulu, Gadhdhoo, Lonudhuuhutta, Gazeera, Munandhua, Hadahaa, Madaveli

GAAFU-DHAALU ATOLL — South Huvadhoo Atoll
- Thinadhoo, Mayuddhuvaa, Vatavareha, Fiyoari, Vaadhoo, Gan, Laabadhoo, Maathodaa, Rathafandhoo, Fares, Havoddaa, Nadalla, Konotta, Madivelli, Hoadedhdhoo, Haodigalaa, Haagoderehaa, Kafenaa, Maagalaa, Minimessaa, Hunamauddhoo, Maagodaa, Dhevvadhoo, Meradhoo, Kolamaafushi

Equatorial Channel

GNYAVIYANI ATOLL — Fua-Mulah Atoll
- Fua-Mulah

ADDU ATOLL — Seenu Atoll
- Hikahera, Meedhoo, Hulhudhoo, Herethere, Hithadhoo, Maradhoo, Feydhoo, Vilingili, Madhera, Gan, Equator Village

EQUATOR

Legend
- **Thulusdhoo** — Administrative capital of the Atoll
- **Kurumba** — Hotel-Island
- **Alidhoo** — Hotel-Island (planned)
- **Diffushi** — Island
- ✈ Airport
- 20 km / 15 miles – 13 nautical miles

All Hotel-Islands marked in red

Inset map
- INDIAN OCEAN
- LAKKADIVES
- INDIA
- SRI LANKA
- **MALDIVES**
- Equator 0°

BOOKS PHOTOGRAPHED BY MICHAEL FRIEDEL   www.michael-friedel.com

German	German	German	German	German
English	English	English	English	English
French	French	French	French	French
Italian	Italian	Spanish	Spanish	German

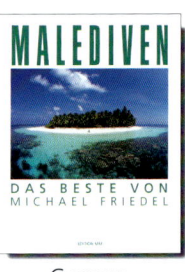

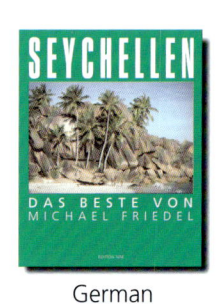

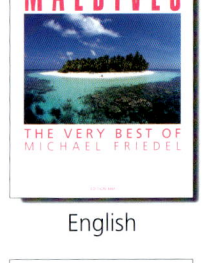

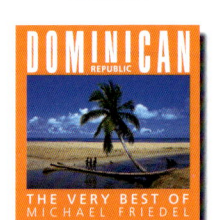

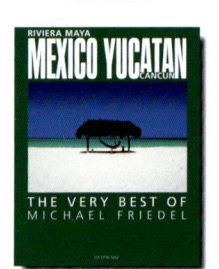

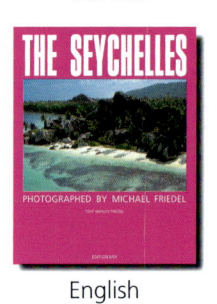

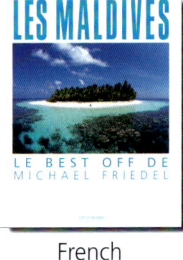

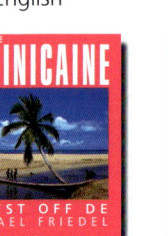

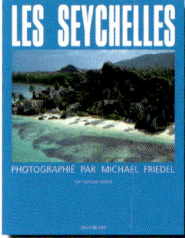

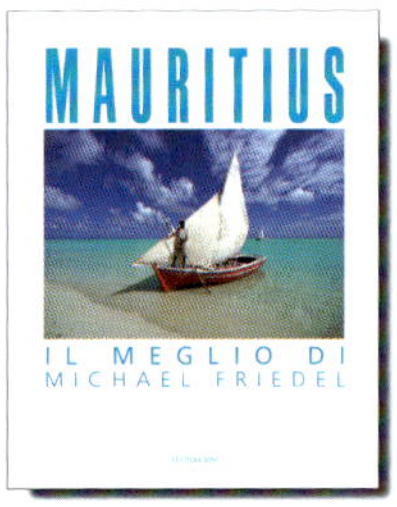

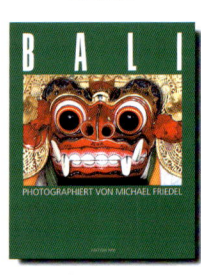

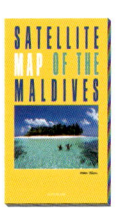

1 : 800 000 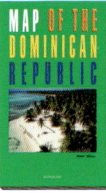   1 : 600 000    1 : 800 000

Germany: www.amazon.de   **www.michael-friedel.de**   e-mail: info@michael-friedel.de
International: www.amazon.com   **Austria:** www.freytagberndt.at
France: Vilo Diffusion, 25, rue Ginoux, 75015 Paris, Fax: 01 45 79 97 15   **Swiss:** www.buchzentrum.ch

Impressum
Neue, aktualisierte Ausgabe
MM-Photodrucke GmbH, 83623 Steingau; Gesamtkonzeption: Marion & Michael Friedel; Photos: ©Michael Friedel;
Titel und Gestaltung: Stahl Grafikbüro, München; Karte: ©Thomas Braach, München;
Satz: Cornelia Hermann, Hausham, Druck und Bindung: EGEDSA, Spanien; ©Marion & Michael Friedel
ISBN 978-3-929489-31-6 Printed in EU